El hombre que quería recordar

Andrea Ferrari

El hombre que quería recordar

Notas y prólogo
de Claudia M. Villar

Ernst Klett Sprachen
Stuttgart

Andrea Ferrari

El hombre que quería recordar

Notas y prólogo de Claudia M. Villar

1. Auflage 1 5 4 3 2 1 | 2013 12 11 10 09

Internetadresse: www.klett.de / www.lektueren.com

Redaktion: Marcelo Rodríguez
Layoutkonzeption: Elmar Feuerbach
Gestaltung und Satz: Satzkasten, Stuttgart
Umschlaggestaltung: Elmar Feuerbach
Titelbilder: shutterstock / Imagery Majestic; istockphoto / Viorika Prikhodko
Foto S. 124: © Javier Calbet
Druck und Bindung: AZ Druck und Datentechnik GmbH, Heisinger Str. 16, 87437 Kempten/Allgäu / Medienhaus Plump GmbH, Rolandsecker Weg 33, 53619 Rheinbreitbach
Printed in Germany

ISBN 978-3-12-535672-6

9 783125 356726

Índice

Prólogo

El hombre que quería recordar, de la escritora y periodista argentina Andrea Ferrari, es una novela policial apasionante y llena de misterios. Escrita en un lenguaje coloquial, divertido y ameno, atrapa al lector desde el comienzo conduciéndolo a través de lugares y falsas apariencias hacia un final sorprendente.

La historia, que según la autora incluye elementos autobiográficos, transcurre en Argentina. Tiene como protagonista principal a Santiago, un chico de diecisiete años que ha ganado un concurso de periodismo y que inesperadamente se ve envuelto en una trama policial.

El relato guiado por monólogos y diálogos del protagonista está impregnado de realismo e intrigas sin llegar a ser violento, permite recorrer lugares e imaginar situaciones de manera vívida. Un estilo coloquial cuidado, inteligente y exento de vulgarismos permite establecer un diálogo entre lector y narrador pareciendo por momentos que Santiago nos hablara a nosotros mismos.

El tema y estilo de la novela así como las vivencias del protagonista resultan elementos de alta motivación para el estudiante de español como lengua extranjera (E/LE). La curiosidad que despierta la historia así como el estilo en que está escrita permitirán acceder de una manera natural y entretenida a un español coloquial y auténtico, aspectos que muchas veces resultan escasos en las aulas de E/LE.

En esta edición se ha realizado una cuidadosa selección de palabras y expresiones del texto a fin de posibilitar la lectura tanto a los alumnos de bachillerato como a cualquier otro estudiante avanzado de E/LE. En tal sentido, el carácter de las notas es detallado y abundante, se intenta propiciar así la lectura de corrido, evitando las interrupciones que provoca el tener que consultar permanentemente el diccionario o incluso la frustración de no comprender el sentido profundo de algunas expresiones y modismos propios del español del

Río de la Plata. Dada la naturaleza del texto, las definiciones y/o explicaciones han sido elaboradas en un lenguaje más bien sencillo recurriendo muchas veces a su equivalente en alemán. Asimismo un gran número de notas recogen los conocimientos de localismos de quien comenta esta edición y no se encuentran disponibles en el diccionario, ya que en ciertas ocasiones la comprensión de algunos matices de significado y/o lectura "entre líneas" están reservados al hablante nativo de Argentina.

La presente obra constituye una valiosa fuente de estímulo para penetrar en el mágico mundo de la literatura juvenil escrita en español, acceder a la novela policial y al mismo tiempo a las preocupaciones y sentimientos de un joven protagonista, que como dice la autora en una entrevista "no es un superhéroe sino un chico lleno de dudas que se involucra en esa historia sin saber en realidad dónde se está metiendo, se ríe un poco de sí mismo, de susto, de ganas de salir corriendo". Asimismo, la novela puede ser un vehículo para dinamizar la clase de E/LE y facilitar el acceso de una manera amena y entretenida al español coloquial en general, y al del Río de la Plata en particular, con toda su riqueza, matices y sutilezas.

Esperamos que la novela resulte del agrado de los lectores, a quienes deseamos disfruten el recorrido de estas páginas y se dejen sorprender por un final inesperado.

El hombre que quería recordar ha sido incluida en la lista White Ravens 2006 de la Biblioteca Internacional de la Juventud de Múnich. Asimismo, en 2007 la autora Andrea Ferrari recibió en España el Premio Jaén de Narrativa Juvenil con la novela *El camino de Sherlock*, otra historia de trama policial llena de humor e intrigas.

Claudia M. Villar

Parte I

La conversación

1

El principio, dice usted. Fue un principio extraño, como todo en esta historia. Al tipo lo conocí un miércoles por la noche en la puerta del diario. Lo primero que pensé al verlo fue que no parecía loco. Tal vez algo extraño, un poco ido, pero no loco. Y por el momento eso me dejó tranquilo, porque lo que a mí en verdad me preocupaba era que estuviera completamente chiflado.

Lo observé desde lejos y le calculé unos cuarenta y cinco años. Era alto, con un físico bastante aceptable y una barba apenas canosa. Recién al acercarme observé que tenía una venda en la muñeca y marcas violáceas en la frente, como si alguien le hubiera partido el alma a golpes. Me paré a su lado y murmuré que me enviaba Polini, para escuchar lo que tuviera que decir.

Pero primero tendría que explicarle a usted quién es Polini y qué hacía yo ahí. Se suponía que mi presencia en el diario *El Nacional* era un premio. Eso decían por lo menos las bases del concurso «Con vocación de periodista» en el que había ganado el primer puesto. Para ser sincero, yo no tenía la más mínima vocación de periodista. Me había metido en ese asunto empujado por Vázquez, mi profesor de literatura en la escuela, que tenía unas desmedidas expectativas sobre mis habilidades. Aquel día en el aula dijo que el concurso era una fabulosa oportunidad para los que escribían bien. Dijo eso y clavó sus

2 **un tipo** *coloq* un hombre – 3 **el diario** periódico; *aquí:* el edificio donde se edita o hace el periódico – 4 **ido** up que parece estar con el pensamiento en otro lugar – 7 **chiflado** *coloq* loco – 9 **el físico** cuerpo, apariencia física – 9 **la barba** Bart – 10 **canoso** *adj* que tiene pelo blanco – 11 **una venda** Binde – 11 **la muñeca** Handgelenk – 11 **unas marcas violáceas** *pl* hematomas (Blutergüsse) – 11 **la frente** Stirn – 12 **partir el alma a golpes** *coloq* golpear violentamente a up – 13 **murmurar** hablar en tono muy bajo – 17 **las bases del concurso** lo que se necesita para participar en un concurso – 18 **la vocación** Berufung – 19 **el puesto** *aquí:*lugar, posición – 19 **la más mínima** ninguna – 20 **meterse en un asunto** sich in etw einmischen – 21 **empujado** *aquí:* influenciado, presionado – 22 **desmedido** *aquí:* demasiado, exagerado – 23 **fabuloso** extraordinario, grande, importante – 24 **clavar los ojos en up** *coloq* mirar a up fijamente y con mucha atención –

ojos en mí. Pero no se crea que me tenía tanto aprecio. Creo que si yo ganaba él obtenía algún tipo de ventaja por ser mi profesor.

Yo, sin embargo, miré para otro lado. Francamente, el asunto me interesaba bien poco. Qué quiere que le diga, yo en ese momento solo contaba cuántos días faltaban para las vacaciones. Pero entonces vi que Luciana se acercaba al profesor para obtener los datos del concurso. Para entenderme usted tendría que conocerla a Luciana: una de esas rubias que cortan el aliento. Yo me había pasado el año entero intentando que esa chica depositara en mí sus ojazos y todo lo que había conseguido habían sido diecisiete segundos de su atención, y eso un día en que me preguntó la hora porque yo era el único en todo el curso que había llevado reloj.

Esa es la verdad, me metí en el concurso con el único objetivo de conquistarla. Pensé que si los dos participábamos tal vez habría oportunidades de verla fuera de la escuela. Pero nada. Cuando recibí la carta ya era verano, habían empezado las vacaciones y Luciana había quedado definitivamente fuera de mi vida, creo que sin haberse enterado nunca de mi existencia.

La carta en cuestión anunciaba que yo había ganado el primer premio, lo que me hacía acreedor a tres cosas: doscientos pesos, la publicación de la nota y dos meses de estadía en el diario como aprendiz de periodista. El dinero me venía de maravilla y la publicación parecía ser una buena noticia. Sobre el resto no estaba muy convencido. Le digo más, estuve a punto de ignorar esa parte: pensé en cobrar la

1 **el aprecio** estima, afecto (→ apreciar) – 4 **francamente** abiertamente, sinceramente – 5 **un asunto** *aquí:* el concurso – 8 **un dato** información – 10 **cortar el aliento** *fig* dejar sin respiración a up porque algo es muy bello, impresionante, etc. – 11 **depositar los ojos en up** *fig* mirar, prestar atención a up – 11 **ojazos** *pl aum* ojos muy grandes – 16 **conquistar a up** enamorar – 20 **enterarse de uc** etwas erfahren – 22 **anunciar** *aquí:* informar – 23 **ser acreedor de uc** *aquí:* tener derecho a uc – 25 **una estadía** estancia (Aufenthalt) – 25 **un aprendiz** up que aprende un oficio (Lehrling) – 26 **(venir) de maravilla uc** *coloq* perfecto – 27 **convencido** *adj* überzeugt – 28 **ignorar uc** nicht beachten – 28 **cobrar** recibir dinero como pago de uc –

plata y mandarme a mudar. Si no lo hice fue por mi madre. No para complacerla, sino para aliviar la presión con la que me estaba sofocando día a día debido a mi falta de vocación. «Estás desganado», decía. Es una de sus palabras favoritas: «desganado».

Sé que me estoy yendo por las ramas. Pero cuento todo esto para que usted entienda que el tipo cayó en mis manos de pura casualidad. Sé que alguien anduvo diciendo que había un conocimiento previo o que conformábamos algo así como una sociedad, pero no es cierto. Él no me buscó ni yo me propuse encontrarlo. En verdad, creo que el encuentro fue una suerte de venganza hacia mí, una demostración del desagrado que yo provocaba en mi jefe, Juan Polini. Sí, yo para Polini no era un premio sino un castigo. Lo comentó un día, sin notar que yo daba vueltas por ahí, como siempre un poco perdido, un poco fuera de lugar en ese diario.

—Ahora tengo un crío de diecisiete años conmigo –le dijo a un fotógrafo–. No sé qué se creen en la gerencia. Cada vez nos mandan gente más joven y más inútil.

Me habría gustado decirle que yo tampoco disfrutaba de su compañía y que tal vez me decidía a abandonar todo esa misma noche. Pero no dije nada y al otro día estaba nuevamente ahí. No sé bien por qué seguía yendo al diario. Claramente, no estaba aprendiendo gran cosa: día tras día no hacía más que buscar información en el archivo o, peor todavía, llevar y traer cosas para Polini. Pero en alguna parte yo

1 **mandarse a mudar** *Arg fig coloq* irse de un lugar, desaparecer, en general de forma muy rápida – 2 **complacer a up** dar placer o satisfacción a up – 2 **aliviar** *aquí:* hacer menos pesada psicológicamente uc – 3 **sofocar a up** jmdn ersticken; *aquí:* molestar demasiado a up – 4 **desganado** sin ganas, sin motivación – 6 **irse por las ramas** *loc* hablar de detalles y no de lo que es importante – 7 **caer en las manos de up** *loc* entrar en contacto con up – 9 **conformar** formar, constituir – 11 **una suerte de** *cult* una especie, un tipo de – 12 **la venganza** Rache – 12 **el desagrado** ≠ agrado – 14 **un castigo** pena (Strafe) – 14 **notar** darse cuenta (merken) – 15 **dar vueltas** ir andando de un lugar a otro; *aquí: fig coloq* estar allí – 16 **fuera de lugar** *aquí:* no perteneciente al lugar – 17 **un crío** un niño pequeño – 18 **la gerencia** Geschäftsführung – 19 **inútil** ≠ útil; up que no sabe hacer ninguna tarea bien, sin talento – 20 **disfrutar de uc** etw genießen – 21 **abandonar uc** *aquí:* renunciar o no continuar haciendo uc que se había empezado – 24 **gran cosa** algo importante –

sentía que esos dos meses en *El Nacional* tenían que traer algo distinto a mi vida. Algo, me entiende: algún beneficio, algún cambio. O al menos alguna chica. Ese algo llegó –el cambio, no la chica– un miércoles por la noche y en un mal momento. Una de las pocas cosas que yo había aprendido a esa altura es que en un diario cualquier noticia que sucede después de las ocho de la noche es una muy mala noticia. Ese día eran unos ladrones que habían tomado rehenes en un supermercado. Ya eran las diez, la policía rodeaba el supermercado, los asaltantes no daban señales de entregarse, la noticia ya había pasado a la tapa del diario, y Polini estaba de un humor de perros. Fue en ese momento cuando sonó el teléfono.

—Avisan de la recepción que un tipo medio extraño pregunta por usted –le informó un periodista al jefe–. Dijo que tiene una buena historia para contar, pero no quiso dar su nombre.

Polini maldijo en voz baja. La otra cosa que yo había aprendido en mi estadía en *El Nacional* era que hay que huir de los locos. Nunca antes me había imaginado la cantidad de personas con un tornillo flojo que se presentan en los diarios para explicar su increíble historia: que lo persiguen los servicios secretos, que son genios sin descubrir o que existe una conspiración montada en el gobierno para arruinarles la vida. El problema es que además de los locos muy de vez en cuando aparece gente que tiene algo importante para decir. Y no es fácil discernir quién es quién.

5 **a esa altura** en ese tiempo, cuando llegaron las cosas a ese momento – 6 **suceder** pasar – 8 **un ladrón** up que roba uc – 8 **un rehén** Geisel – 9 **rodear a up o uc** estar alrededor de up o uc – 9 **un asaltante** → asaltar (überfallen) – 10 **dar señales de uc** indicar o mostrar indicios de hacer o querer uc – 10 **entregarse** sich stellen – 11 **una tapa** *aquí:* la primera página de un periódico – 11 **estar de un humor de perros** *fam coloq* estar de muy mal humor, enojado o tener mal carácter – 16 **maldecir** mostrar con palabras odio o enojo contra uc o up – 17 **huir de uc** *aquí:* escapar – 19 **tener un tornillo** (Schraube) **flojo** (locker) *loc coloq* tener poco juicio, no comportarse de forma normal – 20 **perseguir a up** jmdn verfolgen – 21 **el servicio secreto** servicio de inteligencia de un Estado – 22 **una conspiración** Verschwörung – 22 **montado** *aquí:* organizado y preparado – 22 **arruinar** *aquí:* destruir, echar a perder – 25 **discernir** distinguir y diferenciar uc de otra –

Esa noche observé cómo el jefe levantaba la vista y miraba a cada uno de sus subordinados. A esa hora, todos estaban enfrascados en una nota, y si no, fingían estarlo. Entonces la mirada de Polini se posó en mí y en sus labios se dibujó una sonrisa. Una sonrisa perversa, me pareció a mí.

—Santiago –dijo–, quiero que vayas a la recepción y escuches qué tiene ese tipo para contar. Me levanté resignado y tomé el anotador. Alejandra, una de las periodistas, me chistó. Era una de las únicas que había demostrado alguna simpatía por mi insignificante persona. Creo que me tenía compasión.

—Evitá sentarte –me aconsejó en un susurro–. Es más fácil zafar de los locos si uno está parado. Y cuando empiece a decir cosas sin sentido le decís que tenés que consultar el tema con tu jefe y que te llame mañana.

Asentí y caminé lentamente hacia la puerta. Como le decía, fue una casualidad: yo no tenía ni idea que estaba por conocer al tipo que me iba a cambiar la vida.

Evidentemente, tampoco él esperaba que alguien como yo saliera a verlo. Cuando le dije que me mandaba Polini, el tipo frunció el ceño y miró por encima de mi cabeza, como esperando aún que apareciera alguien más.

—¿Vos sos periodista? –preguntó.

—Sí –contesté–, y tengo poco tiempo. ¿Me quiere contar?

Acusó el golpe. Ahora sí me miró a los ojos y sonrió.

—Claro –dijo–. Pero no acá. Te invito un café en la esquina.

2 **un subordinado** Untergebener – 3 **enfrascado** *aquí:* muy concentrado – 3 **la nota** noticia o artículo del periódico – 3 **fingir** simular, aparentar – 4 **posarse** (la mirada) *aquí: fig* detener la mirada en up o uc – 4 **dibujar una sonrisa** *lit fig* sonreír – 8 **un anotador** *Arg* cuaderno o libreta para apuntar información que se desea recordar (→ anotar) – 8 **chistar** llamar la atención de up haciendo un sonido parecido a ¡chist! – 10 **insignificante** poco importante – 10 **la compasión** Mitleid – 11 **aconsejar a up** dar un → consejo a up – 11 **un susurro** → susurrar (hablar con voz muy baja) – 12 **zafar de uc** *Arg coloq* estar libre de una molestia, de una responsabilidad, etc – 15 **asentir** decir "sí" (con palabras o con la cabeza) – 19 **mandar** enviar – 20 **fruncir el ceño** arrugar la frente y las cejas para mostrar enfado, enojo o molestia – 24 **acusar** *aquí:* advertir, darse cuenta (etw merken) – 24 **un golpe** Schlag *aquí: fig coloq* respuesta inesperada, sorpresa –

Dudé y él se dio cuenta de que dudaba. Eso, irremediablemente, iba a ser una constante con el tipo: siempre me sacaba ventaja. Leía mi cara como un estúpido libro abierto.

—No perdés nada –insistió antes de que yo pudiera objetar–. La historia es buena y no voy a tardar más de quince minutos en contarla.

Creo que él ya sabía que yo iba a ir y yo sabía que estaba violando la premisa básica de no sentarse con un loco. Ni con un supuesto loco. Necesitaba poner algún límite, aunque no fuera más que para sentirme mejor con mi conciencia.

—Bueno –accedí–, pero no más de quince minutos: eso es todo el tiempo que tengo. El tipo asintió y caminamos en silencio hasta el bar. Yo elegí la mesa junto a la ventana y él llamó al mozo.

—¿Tomás café? –preguntó. En verdad, yo no tenía ganas de tomar café. Hubiera preferido un jugo, pero me pareció que eso me rebajaba al nivel de un infante.

—Sí –dije–, cortado. Esperé hasta que llegó el café y el tipo le puso dos sobres de azúcar. Admito que no tenía idea de cómo empezar. Otra vez, él me ganó de mano.

—¿Qué edad tenés, pibe? –me preguntó. Las dos cosas me molestaron: que me dijera pibe y que me preguntara la edad.

—Diecinueve –mentí. Ya sé que fue una mentira idiota, pero me parecía entonces que esos dos años más que estaba asumiendo eran un límite definitivo, la puerta de entrada a la

1 **dudar** → tener una duda – 2 **irremediable** *adj* que no tiene solución – 2 **una constante** uc que se repite continuamente – 3 **sacar ventaja a up** *loc* ser muy rápido e inteligente en una discusión o negociación y dominarla – 3 **leer** *aquí: fig* descubrir los sentimientos o pensamientos de up – 5 **objetar** proponer un argumento contrario a una opinión de otra persona – 9 **violar** *aquí:* no respetar – 10 **supuesto** angeblich – 12 **acceder** *aquí:* aceptar – 15 **un mozo** *Arg* camarero – 18 **rebajar** *aquí:* poner a un nivel más bajo – 18 **infante** *cult* niño muy pequeño – 19 **un cortado** café con muy poca leche – 20 **un sobre** *aquí:* Päckchen – 20 **admitir** reconocer (zugeben) – 21 **ganar de mano** *coloq* superar a up, tomar la delantera en una conversación o discusión – 22 **un pibe** *Arg coloq* muchacho – 24 **una mentira** → mentir – 26 **asumir** *aquí:* agregar – 26 **la puerta de entrada** *aquí: fig* acceso, inicio –

vida adulta, cuando ya no había ningún motivo para que a uno siguieran diciéndole pibe. Él no pareció pensar lo mismo.

—Qué joven –dijo–. Y ya sos periodista. Tuviste suerte, te contrató un diario importante.

—Sí –volví a mentir–, pero vayamos a lo suyo. ¿Cómo se llama?

—Bueno, ese es parte del problema –suspiró–. No sé.

«Sonamos», pensé, «a fin de cuentas era un loco». Empecé a imaginar qué estrategia podía usar para huir rápidamente de allí. Miré la hora, como para ir anticipando una excusa. Otra vez, él lo adivinó.

—No estoy loco –aseguró–. Tengo amnesia.

«Sonamos», volví a pensar. Un loco que cree tener amnesia. Pero como no sabía qué decir, le dejé que contara sin interrumpir. La historia empezaba quince días antes, cuando el tipo se había despertado en el Hospital Fernández. No tenía ni idea de qué hacía ahí. Una enfermera le explicó que había sufrido un accidente: tenía dos costillas y una muñeca fracturadas y hematomas en todo el cuerpo.

—Lo más delicado era la cabeza, había recibido un golpe muy fuerte acá –me explicó tocándose la nuca–. Me hicieron miles de estudios y aunque estaba un poco aturdido y los primeros días tenía terribles dolores, las cosas pronto empezaron a andar mejor. Solo que yo no me acordaba de nada. Absolutamente nada.

El accidente había sido a bordo de un taxi. Los médicos le contaron que también el conductor llegó en ambulancia esa madrugada, pero tenía unos pocos golpes y lo dejaron ir al día siguiente. Cuando él recuperó la conciencia tuvieron que

4 **contratar a up** jmdn anstellen – 8 **¡sonamos!** *Arg coloq* para expresar que hay problemas o que una situación se complica – 8 **a fin de cuenta/s** en resumen, en definitiva – 10 **una excusa** Ausrede – 11 **adivinar** etw (er)raten – 13 **la amnesia** *med* pérdida de la memoria – 18 **sufrir** *aquí:* tener – 18 **una costilla** Rippe – 19 **fracturado** gebrochen – 19 **un hematoma** Bluterguss – 20 **delicado** *aquí:* débil, afectado – 21 **la nuca** Nacken – 22 **miles** *aquí:* muchos – 22 **aturdido** *aquí:* perturbado – 23 **terrible** *adj aquí:* muy fuerte, difícil de tolerar – 24 **andar mejor las cosas** *aquí: coloq* empezar a solucionarse un problema o mejorar una situación – 29 **recuperar** *la conciencia:* das Bewusstsein wiedererlangen –

decirle que nadie sabía quién era él: ni un nombre, ni un dato que ayudara a resolver el enigma.

—¿Y sus documentos? –le pregunté–. Tiene que tener algún documento donde figure su nombre.

—Ahí está el nudo del problema: me robaron. Fue aquella noche, quizás cuando estábamos tirados en la calle, inconscientes, o en el traslado. Al llegar al hospital yo no tenía billetera ni documentos. También el taxista denunció que le faltaban efectos personales: algo de dinero y un reloj.

—¿Alguien le robó a dos personas heridas? –pregunté incrédulo.

—Así está este país, pibe –asintió–, con tanta crisis, ni escrúpulos quedan.

A esa altura, yo me encontraba desorientado. La historia me parecía demasiado fantasiosa para ser real. Supongo que el tipo lo percibió porque de pronto sacó del bolsillo un papel y me lo extendió.

—Aquí tenés el diagnóstico –me dijo.

El papel tenía el membrete del hospital; decía que el portador padecía amnesia postraumática y que se trataba allí. Lo firmaba el doctor Carlos Espeche, neurólogo. Claro que podía ser falsificado, pero me dejó un poco más tranquilo. Le pedí entonces que siguiera contando.

A los diez días de estar en el hospital, me explicó, los médicos le dijeron que estaba en condiciones de irse a su casa. Pero, claro, no sabía a qué casa. Ya habían dado aviso a la policía de su presencia allí y les habían respondido que no había

2 **un enigma** Rätsel – 3 **los documentos** *pl aquí:* documentos de identificación en general – 5 **el nudo** *aquí: fig coloq* principal dificultad – 5 **robar uc a up** quitar a up uc que le pertenece (→ robo) – 6 **estar tirado** liegen – 7 **estar inconsciente** sin conciencia (bewusstlos) – 8 **una billetera** Portemonnaie – 9 **los efectos personales** *pl* persönliche Gegenstände – 11 **incrédulo** con desconfianza (misstrauisch) – 16 **percibir** *aquí:* darse cuenta, comprender – 17 **extender** *aquí:* dar en la mano – 19 **un membrete** Briefkopf – 20 **el portador** *aquí:* up que tiene en su poder un documento, uc – 20 **padecer (de)** an etwas erkranken – 20 **amnesia postraumática** *med* un tipo de amnesia luego de un accidente – 22 **falsificado** ≠ no auténtico – 25 **en condiciones** en buen *estado* (Zustand) de salud –

denuncias de ninguna persona desaparecida que encajase con su descripción.

—Entonces me fui a un hotel –siguió–. Ahí vivo ahora.

—¿Y cómo lo paga? –pregunté.

Me di cuenta de que dudaba si decírmelo o no.

—Tenía un dinero escondido –soltó al fin–. Se ve que por una cuestión de seguridad no lo llevaba en el bolsillo. Lo encontraron el día del accidente al desvestirme: tenía un fajo de billetes en cada media. Por suerte, al menos en el hospital fueron honestos: fue un médico el primero que lo vio y ordenó guardarlo hasta que yo recuperara la conciencia.

—¿Cuánto dinero había? –pregunté.

—Mucho.

—¿Mucho, cuánto? –insistí.

Sacudió la cabeza, dando a entender que no pensaba precisarlo.

—Mucho –repitió–. Suficiente para vivir al menos unos dos meses. Ese es el tiempo que me di para saber quién soy: dos meses. Ahora querrás saber para qué vine al diario.

Asentí.

—Quiero proponerles algo que puede ser interesante para ustedes y para mí. Mi historia, en exclusiva. Creo que para el diario es una buena nota: «El hombre que busca su identidad». Para mí es una ayuda indispensable: la búsqueda es difícil si la hago solo. Hay que golpear un montón de puertas, hacer muchas preguntas. ¿Y quién le va a contestar a un tipo que no tiene ni siquiera un documento, que no sabe ni cómo se llama? A un diario, en cambio, le contesta todo el mundo.

Volví a asentir. Así dicho, no sonaba mal. La propuesta tenía, también para mí, una ventaja: me convertía en un periodista

1 **una denuncia** *policial:* Anzeige – 1 **encajar** *aquí:* coincidir – 6 **escondido** versteckt – 6 **soltar** *aquí: coloq* decir – 8 **un fajo** Bündel – 10 **honesto** decente – 15 **sacudir** mover – 16 **precisar** decir uc con → precisión – 24 **indispensable** absolutamente necesario – 25 **golpear puertas** *fig coloq* pedir ayuda a muchas personas en distintos lugares – 29 **sonar mal** *una expresión*: *coloq* producir una mala impresión – 29 **una propuesta** → proponer uc –

de verdad. Me permitía hacer algo, dejar de ser solo el que llevaba y traía cosas. Claro que para eso Polini tenía que estar de acuerdo. No tenía idea de cómo se lo iba a plantear y menos aún de cómo empezar la búsqueda. Otra vez, el tipo se me anticipó.

—Entiendo que necesites estudiarlo, pibe –dijo–, seguramente tenés que chequear la información que te doy. Te facilito un contacto.

Sin preguntarme, agarró la libreta que yo había dejado olvidada en un costado de la mesa. Al verla sentí vergüenza, como si esas páginas en blanco fueran una muestra demasiado evidente de mi inexperiencia. Con una letra prolija y clara escribió un nombre, Dr. Carlos Espeche y junto a él un número de teléfono.

—Es el médico que firmó el certificado –explicó–. Él te puede confirmar todo. Al taxista, en cambio, va a ser muy difícil ubicarlo: se llama Alberto Martínez.

—¿Y? –pregunté.

Me miró como si yo fuera un tipo único de imbécil.

—Alberto Martínez –repitió lentamente–. ¿Sabés cuántos Albertos Martínez hay en la guía? Más de diez páginas.

Yo seguía asintiendo sin conseguir la más insignificante reacción inteligente. Pensé que de alguna forma tenía que tomar las riendas del asunto, que hasta ahí el tipo llevaba con la destreza de un jinete.

3 **plantear** *aquí:* decir o presentar un tema, uc – 5 **anticiparse** adelantarse – 7 **chequear** probar, examinar – 8 **un contacto** Kontaktperson – 9 **agarrar uc** *coloq* tomar uc con la mano – 9 **una libreta** cuaderno o libro pequeño para hacer anotaciones – 9 **dejar uc** *en un lugar* etwas liegen (stehen) lassen – 10 **sentir vergüenza** sich schämen – 11 **una muestra** *aquí:* señal, prueba de uc – 12 **prolijo** *adj aquí:* que escribe con mucho cuidado y perfectamente cada letra – 15 **un certificado** *médico* Attest – 16 **confirmar uc** comprobar uc, tener información que permite asegurar la verdad de uc – 17 **ubicar a up** *Am* localizar, encontrar a up que se busca – 19 **imbécil** idiota – 21 **la guía** *aquí:* guía telefónica – 24 **tomar las riendas** *loc* dirigir, dominar una conversación o una situación – 25 **la destreza** habilidad (Geschicklichkeit) – 25 **un jinete** up que cabalga (Reiter) –

—Todavía no puedo confirmarle que vayamos a tomar el tema –dije con voz débil–. Aún tengo que discutirlo con mi jefe.

—Claro, entiendo –contestó–. Te puedo llamar mañana. Te dejo el teléfono de mi hotel y voy a anotar el tuyo en el diario. Y ahora que pienso… no me diste tu nombre.

—Santiago Ardiles –le dije–. Tampoco usted me dio el suyo.

Al momento de pronunciar esa frase me di cuenta de que otra vez había dicho una pavada.

—Qué idiota –sonreí–. Usted no sabe su nombre.

—Así es –sonrió también–. Pero me pusieron un apodo. Fue Marga, una de las enfermeras del hospital: decía que yo le recordaba a su tío Pepe, un viejo cascarrabias. Supongo que debería haberme ofendido, pero me gustó. Ahora soy Pepe para todos ellos.

—Bueno. Pepe, entonces –me levanté–. Hasta mañana.

Salimos juntos. En la puerta él me dio un apretón de manos y cruzó la calle Chacabuco en dirección a la avenida 9 de julio. Yo me quedé mirándolo. Creo que esperaba algo, no sé bien qué, algo que me ayudara a decidir si era un loco del que había que escapar o una veta de oro, que iba a darme mi primera gran nota como periodista. Pero no hubo nada. El tipo se fue alejando con una leve renguera, los hombros algo caídos, las manos en los bolsillos del pantalón. Como cualquier otro tipo.

1 **tomar** *aquí:* tratar, ocuparse de un asunto – 2 **débil** ≠ fuerte – 9 **una pavada** *coloq* tontería – 11 **un apodo** Spitzname – 13 **cascarrabias** up que fácilmente se enoja, riñe o enfada – 14 **ofenderse** molestarse – 17 **un apretón de manos** darse, estrecharse las manos con fuerza – 21 **escapar** entkommen – 21 **una veta de oro** *geol* Goldader *aquí: fig coloq* uc o posibilidad de gran valor potencial – 23 **una renguera** *Arg* cojera (Hinken) – 23 **el hombro** Schulter – 23 **caído** *aquí:* hacia abajo –

2

Aquella noche Polini me ignoró. Cuando volví a entrar al diario, todos tenían el aspecto de estar sufriendo un ataque de histeria. Ya eran más de las doce, el jefe de redacción amenazaba con que si seguían retrasándose, el diario no iba a salir y los asaltantes del supermercado amenazaban con matar a los rehenes. Que ahora eran más, porque habían capturado al equipo de un canal de televisión que se había acercado demasiado y el camarógrafo aparecía en la pantalla del televisor con una pistola en la cabeza y cara de querer estar con su mamá. Las cosas se habían complicado después de que los ladrones accedieron a la góndola de bebidas alcohólicas. Ahora tenían alcohol hasta en los zapatos. A uno le había dado por la violencia, golpeaba los vidrios y gritaba que iba a matar a todo el mundo: a los rehenes, a la policía y a los verdes. Nadie sabía si cuando hablaba de los verdes pensaba que lo rodeaba el Ejército o si veía marcianos. Otro tenía una de esas borracheras tristes, lloraba y pedía que viniera una novia que lo había abandonado nueve años atrás. La policía no sabía qué hacer y Polini estaba furioso con todo el mundo: con el periodista que había enviado al lugar de los hechos, porque no lo llamaba, y con los ladrones, porque no se rendían.

—Malditos sean, que se entreguen de una vez –gritaba–. No se puede tener rehenes a la madrugada.

De modo que cuando tropezó conmigo –literalmente tropezó y casi se cayó al piso– tuvo otro ataque de ira.

4 **amenazar con** mit etw drohen – 4 **retrasarse** ≠ ser puntual – 5 **salir** *aquí:* publicarse – 7 **capturar** *aquí:* tomar a up como *rehén* (Geisel) – 8 **aparecer** erscheinen – 9 **cara de querer estar con la mamá** *fig fam coloq* asustado, con miedo – 10 **las cosas** *pl aquí:* la situación – 11 **acceder** *aquí:* llegar a – 11 **una góndola** *Arg* estantería en un supermercado – 13 **golpear uc** etwas schlagen – 14 **todo el mundo** *aquí: fig* muchas personas – 14 **los verdes** *pl Arg aquí* los militares (por el uniforme) – 16 **el Ejército** Heer – 16 **un marciano** habitante imaginario del planeta Marte (generalemente representados de color verde) – 17 **una borrachera** es la consecuencia de haber bebido demasiado alcohol – 19 **furioso** wütend – 20 **el lugar de los hechos** Tatort – 21 **rendirse** entregarse (sich jmdm ergeben) – 22 **malditos sean** *coloq* para expresar enojo y disgusto – 24 **tropezar con uc/up** stolpern – 25 **la ira** Zorn –

—¿Qué hacés acá, nene? –dijo mirándome como si yo fuera el culpable de todos sus problemas–. ¿No viste la hora que es? Andate a tu casa y no molestes. Evidentemente, no era el momento oportuno para hablarle del hombre amnésico. Así que tomé mis cosas y me fui andando lentamente, muy lentamente, como para dibujar mi propio camino.

Creo que mi primera jugada inteligente en el diario fue avanzar sin tener el permiso de Polini. Eso fue lo que hice al día siguiente. A las nueve de la mañana ya estaba en el Hospital Fernández para hablar con Espeche. Por teléfono, el médico había aceptado recibirme; pero cuando me vio, en su cara fue transparente la desconfianza.

—Qué joven... –fue todo lo que dijo.

—Parezco más joven de lo que soy –contesté.

En los días siguientes iba a repetir a menudo esa frase, intentando darle siempre un aire de suficiencia que, al menos algunas veces, parecía vencer las resistencias de mi interlocutor. Espeche asintió, me invitó a sentarme, dijo que solo tenía cinco minutos y me ofreció un café, lo que para mí fue un signo de que me había aceptado, aunque tal vez estaba demasiado ocupado para dedicarle tiempo a mi excesiva juventud.

—Así que estuviste con Pepe –dijo–, un caso extraño.

—¿Extraño por qué?

—No vemos a menudo estos cuadros de amnesia.

—¿No está loco?

—¿Loco? –pareció sorprendido–. No, en absoluto. Sufre de amnesia retrógrada postraumática, eso es todo.

—¿Va a recuperar la memoria en algún momento?

1 **un nene** *aquí: coloq desp* niño pequeño – 2 **culpable** ≠ inocente – 4 **oportuno** adecuado, ideal – 6 **dibujar** zeichnen – 7 **una jugada inteligente** *fig* una acción inteligente – 8 **avanzar** ≠ detenerse *aquí:* continuar haciendo uc, progresar tomando decisiones para ello – 11 **recibir** empfangen – 12 **desconfianza** ≠ confianza (Misstrauen) – 15 **a menudo** muchas veces, con frecuencia – 16 **aire de suficiencia** *coloq* actitud (Haltung) de superioridad ante los demás – 17 **vencer las resistencias** *aquí: fig* dominar a up con quien se habla – 18 **un interlocutor** up con la que se habla – 21 **dedicar tiempo a uc o up** tener tiempo para – 21 **excesivo** demasiado – 25 **un cuadro** *clínico: med* Fall – 28 **amnesia retrógrada postraumática** *med* tipo de amnesia –

—Tal vez. Nunca se sabe: puede ser un mes, un año, quizás nunca. A veces se recuperan solo parte de los recuerdos, los más lejanos. Pero es importante que encuentre a alguien de su familia, que tenga un apoyo afectivo. ¿El diario va a colaborar?

—Sí –dije con una seguridad que me asombró a mí mismo, teniendo en cuenta que al menos hasta este momento nadie me había autorizado a hacer nada–. Vamos a investigar su historia. Seguramente usted puede ayudarnos.

En verdad, ayudó bastante poco. Creo que es un tipo muy ocupado, aunque tiene un verdadero interés en el caso. Pero en ese momento me pareció un poco indiferente. Se limitó a darme una breve explicación sobre los distintos tipos de amnesia, me contestó unas pocas preguntas y me mandó a hablar con una empleada de la recepción, en busca de más datos.

No fue fácil. Estuve perdido más de veinte minutos en los laberintos del hospital hasta que finalmente la encontré. Se llamaba Marta, su enorme cuerpo desbordaba del guardapolvo, y no parecía dispuesta a levantar la vista de las fichas que estaba ordenando.

—¿El amnésico? –preguntó despectiva–. No, qué datos puedo tener si el pobre hombre no recordaba ni su nombre. No sé para qué el doctor Espeche lo manda a hablar conmigo, si él lo sabe perfectamente. Insistí, ahora con el taxista, Alberto Martínez. Yo buscaba un teléfono o una dirección que me ayudara a encontrarlo. Suspiró molesta y tomó una carpeta, que revisó rápidamente hasta dar con la fecha.

—No –el tono era triunfante, como si la ausencia de datos fuese una satisfacción personal–. En la guardia solo le tomaron el nombre y el documento.

3 **lejanos** *en el tiempo*: ≠ cercanos al presente – 4 **el apoyo** Unterstützung – 5 **asombrarse** sich wundern – 6 **tener en cuenta uc** considerar uc – 7 **autorizar** permitir (etw genehmigen) – 10 **ser up ocupada** tener siempre mucho trabajo – 11 **limitarse a uc** concentrarse en lo más importante o esencial – 18 **el cuerpo desbordaba del guardapolvo** *fig* la ropa le quedaba muy estrecha y se marcaban o se veían partes de su cuerpo – 18 **un guardapolvo** *Arg* Arztkittel – 19 **dispuesto a uc** *aquí:* tener intención de hacer uc – 27 **dar con uc o up** encontrar – 29 **la guardia** *médica:* Nachtdienst bzw Notdienst – 29 **tomar** *aquí:* preguntar y anotar –

—¿Y el auto chocado? –pregunté.

Esta vez levantó la vista y me miró con sorna.

—Los autos no vienen al hospital, querido.

Decidí ignorar el tono y forcé mi mejor sonrisa.

—¿Y adónde van?

—A la comisaría, evidentemente. Este choque fue acá nomás, así que lo habrán llevado a la 47. Los dejan en la calle o en un estacionamiento. Y ahora, querido, tengo que seguir trabajando.

Volvió a clavar sus ojos en las fichas y no los levantó más, ni siquiera para contestar mis muchas gracias.

Claro que mis problemas recién empezaban. Usted me va a disculpar que lo diga, pero comparada con la policía, Marta había sido algo así como Miss Simpatía. Pasé cincuenta minutos sentado en un duro banco de madera antes de que me informaran que el comisario no había llegado y el subcomisario estaba tomando declaración, de modo que nadie podría darme los datos que necesitaba. Salí cabizbajo, sintiéndome el periodista más idiota del planeta, incapaz de obtener la más sencilla de las informaciones. Supongo que cuando me detuve en la puerta, sin saber qué hacer, mi aspecto daba pena, porque el agente que hacía guardia me miró de arriba abajo y preguntó:

—¿Qué andabas buscando, pibe? Le hablé del taxi chocado quince días antes.

1 **chocado** → chocar (zusammenstoßen) – 2 **con sorna** decir uc con ironía o burla a up – 3 **querido** *fam coloq* mi amor, mi tesoro; *aquí: iron* – 4 **forzar** *aquí:* hacer algo en forma obligada, con esfuerzo – 6 **la comisaría** Polizeirevier – 6 **un choque** → chocar – 6 **acá nomás** *Am* apenas, aquí cerca – 7 **la** *comisaría número* **47:** forma breve para llamar a una comisaría de la policía por su número – 17 **tomar una declaración a up** jmdn vernehmen – 18 **cabizbajo** *adj* con la cabeza hacia abajo por tristeza, desánimo – 19 **incapaz** que no tiene capacidad para hacer uc – 22 **un agente** un policía – 22 **hacer (estar de) guardia** vigilar –

—¿Uno bien destruido? ¿Como si le hubiera pasado una aplanadora por encima?

—Supongo –asentí–, volcó, de modo que tuvo que quedar bastante mal.

—Está acá a la vuelta –dijo–, en el estacionamiento. Sentí que mi suerte cambiaba.

—¿Puedo verlo?

—¿Sin autorización? –me miró como si le hubiera pedido que asaltáramos juntos un banco en ese mismo momento–. No, de ninguna manera. Sin orden superior no se puede.

Dicho eso, volvió a mirar hacia el frente, fingiendo que yo había desaparecido de la escena mágicamente. Yo decidí actuar de un modo similar: fingí que él no me veía y caminé hacia el estacionamiento. El paredón era bajo, pero aun así necesitaba pararme sobre algo para poder observar bien los autos en el interior. Vi unos cajones de fruta abandonados a un lado de la calle y los arrimé. Cuando me estaba subiendo estuve seguro de que el policía me miraba, pero no me detuve. Me encaramé sobre el muro y desde allí eché una buena mirada. Efectivamente, ahí estaba, como si le hubiera pasado una aplanadora por encima, el taxi chocado. Oí el grito del policía a mis espaldas:

—Eh, pibe, qué...

Me bajé y, siempre sin mirarlo, empecé a caminar hacia el otro lado. No me importaban sus gritos, no me importaba nada porque por fin, tenía un dato. El auto pertenecía a la empresa de radiotaxis Mi Ciudad y su matrícula era AHM877. A usted podrá parecerle algo insignificante, pero yo sentí que la vida me sonreía.

Le asombra mi actitud, veo. Le voy a ser sincero: yo seguía considerando seriamente la posibilidad de que el tipo

1 **destruido** zerstört – 2 **una aplanadora** Planierraupe – 3 **volcar** *un auto:* dar vueltas, girar sobre sí mismo – 5 **a la vuelta** um die Ecke – 10 **una orden** Befehl – 11 **el frente** *aquí* hacia adelante – 14 **un paredón** Mauer – 16 **un cajón de fruta** Obstkiste – 16 **abandonado** → abandonar – 17 **arrimar** *coloq* poner uc cerca de o junto a otra – 19 **encaramarse** *cult* subir(se) a un lugar alto – 19 **echar una mirada** *coloq* mirar, observar uc – 22 **a mis espaldas** detrás de mí – 27 **la matrícula** *del auto:* Autokennzeichnen – 30 **sincero** ehrlich –

estuviera loco. Pero a esa altura el juego empezaba a gustarme. Y mi principal objetivo era que Polini no lo arruinara. Por eso al entrar al diario evité cuidadosamente su mirada. Antes de darle oportunidad de que me hablara, me senté en mi escritorio y llamé a la empresa de radiotaxis. Al otro lado la voz de una mujer sonó desconfiada:

—Sí, ese auto accidentado es de nuestra flota.

¿Quién dice que llama? ¿Es por el seguro? Volví a explicarle que no, que era periodista y solo quería hablar con el taxista que había chocado aquella noche. Finalmente accedió: en media hora, me dijo, Martínez estaría allí.

—¡Bingo!–grité al cortar. No sé de dónde había sacado esa palabra, pero por la cara con que todos me miraron no era algo que dijeran los periodistas. Entre los que miraron estaba Polini. Y le aseguro que me miraba con desagrado, como siempre. Vi que se acercaba a mí con una pila de papeles en la mano, que seguramente pretendía que yo ordenara. Entonces decidí que era momento de contarle la verdad. Cuando empecé, observé cómo se operaba una transformación en su expresión: por primera vez, Polini me veía. Hasta ese momento yo había sido para él casi transparente: solo me miraba fugazmente para pedirme algo, pero luego sus ojos seguían de largo, en busca de horizontes más interesantes. Ahora, en cambio, su mirada se clavó en mí.

—¿Amnésico? –repitió–. ¿Y decís que no está loco?

—No –insistí–, el médico me lo explicó detalladamente: amnesia retrógrada postraumática.

—Es interesante… –empezó a entusiasmarse–, podríamos hacer una serie de notas: un hombre que busca su nombre. Tal vez podamos llamarlo de alguna manera: el señor X, el señor

7 **una flota** *de autos:* Wagenpark – 8 **el seguro** *del auto:* Autoversicherung – 12 **cortar** terminar una comunicación telefónica – 12 **sacar** *aquí: coloq* saber, aprender – 16 **una pila** Stapel – 17 **pretender uc** querer conseguir uc – 19 **operar** *aquí* ocurrir, suceder – 20 **ver** *aquí:* considerar, tener en cuenta a up – 21 **transparente** *aquí: fig* no existir – 21 **fugazmente** ≠ con atención, detenidamente – 22 **seguir de largo** ir sin parar, sin detenerse –

Nadie... Entonces volvió a concentrarse en mí y frunció el ceño.

—Te queda grande.

—¿Qué?

—La historia te queda grande. No tenés experiencia, no vas a poder. Tengo que darle la nota a otro. Sentí que me tiraba un balde de agua fría, con cubitos de hielo y todo.

—Déjeme probar –le pedí–, ya tengo una buena relación con él. Además –aquí me di un poco de importancia–, encontré al taxista yo solo.

—Es cierto –concedió–, pero aun así, no sé... es demasiado.

—Un tiempo –insistí–, si no consigo nada se la da a otro.

Se quedó callado un momento, pensando.

—Una semana –cedió al fin–. En una semana vemos lo que obtuviste. Si no avanzaste lo suficiente, te saco de la nota.

Tuve la sensación de ser uno de esos detectives de las series de televisión a los que el jefe les da cuarenta y ocho horas para cazar al asesino. La diferencia es que uno sabe que al final lo van a agarrar porque son audaces, brillantes y manejan el arma como nadie. En cambio yo me sentía cobarde, idiota y no manejaba bien ni siquiera la lapicera. Supongo que eso era evidente para cualquiera.

3 **quedar grande uc a up** *fig coloq* una tarea es muy difícil para up – 6 **tirar un balde de agua fría** *loc fig coloq* dar a up una mala noticia, decir a up algo que ésta no esperaba – 7 **un cubito** *dim* Eiswürfel – 9 **darse importancia** *coloq* mostrar a las demás personas superioridad (mit Gönnermiene) – 13 **quedarse callado** quedarse sin hablar – 14 **ceder** no poner resistencia – 15 **sacar a up** *aquí: fig coloq* no permitir (el jefe) a up que continúe haciendo uc – 18 **cazar** jagen *aquí:* encontrar – 18 **un asesino** Mörder – 19 **agarrar** *Am coloq* festnehmen – 19 **audaz** tapfer – 20 **un/a cobarde** Feigling – 21 **una lapicera** *Arg* bolígrafo –

3

A la mañana siguiente llamé al tipo e hicimos una cita en el bar de la esquina. Cuando llegué ya estaba ahí, sentado en la misma mesa que habíamos ocupado la vez anterior.

—Así que zarpamos –me dijo–, en busca de mi identidad.

Asentí y saqué mi anotador. Le pedí que me contara todo lo que había pasado hasta ese momento, cualquier recuerdo, por más pequeño que fuera, que arrojara un poco de luz a la historia. No se ilusione, porque el tipo no recordaba nada. Veo que usted es un poco escéptico, pero yo a esa altura empezaba a creerle: su cerebro, me pareció a mí, era como una tabla. Blanca. Lisa. Los pocos recuerdos grabados allí habían sucedido después del accidente. Ante mi insistencia mencionó unas imágenes diluidas, sensaciones confusas que lo alteraban profundamente. Algunas veces, al despertarse, tenía la impresión de que había alguien a su lado, una mujer. Era como si la viera sin verla: el pelo rojizo, una piel pecosa. Pero al abrir los ojos no había nadie. Luego tenía un sueño, cuyas imágenes persistían al despertar. Había un estruendo, gritos y vidrios rotos en el suelo. Oculto, él veía un reguero de sangre avanzar por el piso. Una mancha que lo perseguía. Fuera de estas perturbadoras ocurrencias, no había nada que el tipo pudiera contar, más que su deseo imperioso de recordar. Algunas veces me sentía incómodo con él por la intensidad con que miraba a la gente en la calle, o en un bar, como esperando todo el tiempo que una cara le revelara algo de su pasado. Pero mi

4 **zarpar** *aquí: fig coloq* comenzar, iniciar – 7 **arrojar (echar) luz a (sobre) uc** *cult fig* hacer más clara uc, tener más información sobre uc – 9 **escéptico** skpetisch – 13 **las imágenes diluidas** *pl lit fig aquí:* recuerdos poco claros, débiles – 13 **alterar uc** (ver)ändern – 16 **pecoso** *adj* sommersprossig – 18 **persistir** *aquí:* continuar, durar largo tiempo – 18 **un estruendo** ruido muy fuerte – 19 **oculto** *adj* escondido (verborgen) – 19 **un reguero** línea de gotas – 20 **una mancha** Fleck – 21 **perturbador** *adj* störend – 21 **una ocurrencia** idea, pensamiento original – 22 **imperioso** *adj* fuerte, urgente y necesario – 23 **incómodo** ≠ cómodo (unwohl) – 25 **revelar uc** *aquí:*mostrar –

insistencia para que extrajera un dato concreto de su agobiado cerebro no hacía más que exasperarlo.

—No –me dijo ahora, cansado–, no, pibe, así no vas a llegar a ningún lado. Lo que tenés que hacer es ubicar al taxista.

Me tomé unos segundos para saborear lo que iba a decir a continuación y miré el reloj.

—Debe estar por llegar. Lo cité acá.

—¿A quién?

—Al taxista.

Al tipo le cambió la cara. Por primera vez, sonrió abiertamente y me miró con una valoración que hasta ese momento no había visto en sus ojos.

—Lo encontraste. Muy bien, pibe –tomó un trago de café y lo repitió–. Muy bien, muy bien.

Se lo puedo describir, sí. Alberto Martínez es un tipo alto, corpulento: más que de taxista, diría yo, tiene aspecto de boxeador. Observé que tenía un tatuaje en la mano y la mirada desconfiada. Cuando entró al bar lo reconocí enseguida porque, tal como me había dicho, llevaba el uniforme de la empresa: camisa lila y una ridícula corbata azul con autitos. Le hice una seña y se acercó. No me miraba a mí, sino al tipo.

—Sí, es usted –dijo observándolo con atención–, veo que está mejor. Porque esa noche, le aseguro, tenía muy mal aspecto. Parecía que no iba a contar el cuento.

Lo invitamos a sentarse y tuvimos que explicarle otra vez el asunto de la amnesia, que yo ya le había anticipado por teléfono. Pero miraba incrédulo, desconfiado, evidentemente como quien no termina de creerse la historia.

1 **extraer uc de algo** *aquí: fig* etwas aus etwas herausziehen – 1 **agobiado** erschöpft – 2 **exasperar a up** irritar mucho a up – 5 **saborear** etwas schmecken *aquí: fig* disfrutar de la molestia que va provocar a up uc que se dice – 11 **una valoración** → valorar *aquí:* respeto – 13 **un trago** Schluck – 16 **corpulento** *adj* de cuerpo grande (kräftig) – 17 **un tatuaje** Tattoo – 21 **una seña** Wink – 23 **asegurar** versichern – 24 **no contar el cuento** *loc fig coloq* morirse – 26 **el asunto** tema –

—Entonces no se acuerda de nada. ¿Pero nada, nada? –insistió.

—Nada. Necesito que usted me cuente todo lo que recuerde. Estamos tratando de reconstruir la historia, con mi amigo el periodista.

Recién entonces Martínez me miró.

—¿Vos sos el periodista? –su tono reflejaba un cierto desencanto–. ¿Tan chico?

Estaba a punto de repetir mi famosa frase sobre la diferencia entre mi edad cronológica y mi aspecto, pero el taxista pareció perder interés y se volvió al tipo.

—No sé –le dijo–, no creo que yo pueda aportar demasiado.

—Seguramente más de lo que cree –insistió Pepe–, para empezar, ¿dónde tomé el taxi?

—Eso es fácil –sonrió el taxista–, en Retiro. La terminal de ómnibus.

Yo saqué mi anotador y empecé a escribir. Aún tengo esos datos, si a usted le interesan.

—¿A qué hora? –pregunté.

—Era tarde. No se lo puedo precisar, pero seguro entre las dos y las tres de la madrugada. En la calle había poco trabajo, me acuerdo. En un semáforo me crucé con un taxista amigo y me dijo que acababan de llegar dos o tres ómnibus demorados a Retiro. Era una noche terrible, llovía con toda la furia, y varios servicios venían con retraso. Así que me fui para allá. Me puse en la cola de taxis y casi enseguida subió usted.

A mí me había agarrado una súbita excitación. No sé si usted capta la importancia de la situación: teníamos allí sentado al testigo de los hechos, al que podía aportar una información clave. Yo me sentía desbocado, ansioso, a la espera de que

8 **desencanto** Enttäuschung – 11 **volverse** *aquí:* dirigir la atención a up – 12 **aportar** *aquí:* agregar, decir algo importante – 15 **Retiro** barrio de la Ciudad Autónoma de Buenos Aires – 15 **la terminal de ómnibus** Busbahnhof – 22 **acordarse de uc** recordar uc – 22 **cruzarse con up** *en la calle:* encontrarse en forma casual con up – 23 **demorado** verspätet – 24 **Retiro** estatión principal de ómnibus de Buenos Aires – 24 **con furia** *aquí: fig* muy fuerte – 25 **un servicio** *aquí:* autobús – 25 **un retraso** Vespätung – 26 **una cola** Schlange – 27 **agarrar** *coloq aquí:* tener, sentir – 28 **captar uc** *coloq* etw kapieren – 29 **un testigo** Augenzeuge – 30 **desbocado** *adj* sin control – 30 **ansioso** gespannt, aufgeregt –

pronunciara la palabra que iba a resolver el caso. El tipo, en cambio, parecía oír impasible. Serio, distante. Más adelante me iba a dar cuenta de que la amnesia le produce ese distanciamiento: aún le cuesta aceptar que le hablen de situaciones que vivió y de las que no tiene ni el más mínimo recuerdo.

—¿Adónde le pedí que me llevara? –le preguntó. Pero el taxista no se acordaba. Un hotel del centro, sugirió, pero no podía precisar cuál. Noté que se ponía nervioso, como si recordar todo aquello lo perturbara más de lo que quería aceptar. El accidente, dijo, fue raro.

—Raro. Veníamos por la avenida 9 de julio, despacio, por la lluvia. En eso veo que por la derecha un auto se me acerca demasiado, encerrándome. Toqué bocina, pero no me hizo caso. Si me tiraba para el otro lado me iba contra un colectivo. Y no podía frenar porque atrás venía otro auto, también demasiado cerca. Entonces aceleré. Los otros también aceleraron. Estaba nervioso y pasé el semáforo en rojo. No vi un camión que venía por la izquierda: nos golpeó brutalmente de costado. Volcamos y después vi todo como en una nube: gente que gritaba alrededor, médicos, la ambulancia.

—Espere, volvamos atrás –dije yo–. ¿Cree que los encerraron a propósito?

—Puede ser. Al principio pensé que tal vez eran esos idiotas que corren picadas por la calle, y yo había quedado en el medio. Pero pudo ser intencional. Nos quedamos un rato en silencio. Mire, yo no soy tan tonto: ya entonces sentía que algo se me estaba escapando en esa historia, pero no sabía qué era.

2 **impasible** *adj* tranquilo, sin molestarse – 3 **darse cuenta de uc** comprender up uc que antes no entendía – 5 **ni el más mínimo** *aquí:* ninguno – 10 **perturbar** beunruhigen – 12 **despacio** ≠ rápido – 14 **encerrar** *a up con el auto: coloq* no permitir avanzar o circular con el auto – 14 **tocar bocina** hupen – 15 **hacer caso a up** prestar atención, hacer lo que up pide – 15 **tirarse** *coloq aquí:* moverse – 15 **un colectivo** *Arg* autobús – 16 **frenar** bremsen – 17 **acelerar** Gas geben – 19 **un camión** Lastkraftwagen – 20 **de costado** parte izquierda o derecha de uc – 23 **a propósito** con intención (absichtlich) – 25 **correr una picada** *con el auto: coloq* una carrera (Rennen) entre dos o más autos en la calle y sin permiso de la autoridad – 28 **escaparse uc a up** *coloq* etwas verpassen –

—¿Y por qué alguien iba a querer encerrarlo? –pregunté.

—No sé –el taxista me contestaba a mí, pero lo miraba al tipo–, ni idea.

Pepe se acordó entonces de sus objetos personales.

—¿A usted también le robaron cosas? –preguntó.

—Sí, en el hospital me di cuenta de que me faltaba el reloj y la billetera. Algún cretino que se aprovechó.

—A mí me vaciaron los bolsillos.

—¿Y el bolso?

—¿Qué bolso?

—Usted subió con un bolso, lo recuerdo bien porque le pregunté si quería ponerlo en el asiento delantero, pero me dijo que no era necesario. Uno de esos bolsos de viaje. Y si no me equivoco, llevaba una campera en la mano.

—Ahí debían estar mis documentos. Me sacaron todo.

—Hay que ser animal –dijo el taxista y después miró el reloj–. Ustedes disculparán, pero me tengo que ir.

—Yo también tengo que irme –asintió Pepe–. Tengo cita con el médico.

—Esperen –dije yo cuando se levantaban. Me sentía absolutamente desilusionado con el resultado de la entrevista–. ¿Él no dijo nada durante el viaje, de dónde venía, adónde iba?

—No. Se veía que estaba nervioso –contestó Martínez mirando a Pepe–. Y cuando veo un pasajero nervioso no pregunto nada. Pepe pagó y antes de irse me miró sonriente.

—Estamos encaminados, pibe.

Su confianza me sonó extraña, cuando a mí el encuentro que acabábamos de tener me parecía un fracaso rotundo.

—La clave es Retiro –dijo–, la terminal de ómnibus: evidentemente llegué del Interior. Solo hay que averiguar qué

7 **un cretino** *Arg coloq desp* una mala persona – 7 **aprovecharse de up** *coloq* usar (ausnutzen) a up para beneficiarse *aquí:* robar – 9 **un bolso** *aquí:* Reisetasche – 14 **una campera** *Arg* Jacke – 16 **ser animal** *vulg coloq desp* ser bruto, irracional – 21 **desilusionado** *adj* enttäuscht – 26 **estar encaminada uc** *fig coloq* ir bien uc, en camino a solucionar un problema – 28 **un fracaso** Versagen – 28 **rotundo** absoluto, total – 29 **la clave** Schlüssel *aquí: fig* la información o dato principal para resolver un problema – 30 **el Interior** *del país:* Innland – 30 **averiguar uc** buscar datos o información para saber uc –

ómnibus llegaron entre las dos y las tres de la madrugada ese día. No pueden ser muchos.

—Claro –contesté yo, como si ya lo hubiese pensado–. Esta tarde voy a dedicarla a eso.

Sí, no me importa admitirlo ante usted: yo a esa altura era bastante torpe. Pero le aseguro que fui aprendiendo. Ya esa misma tarde conseguí, con bastante esfuerzo por cierto, que en el centro de informaciones de la terminal de Retiro me dijeran qué servicios habían llegado aquella noche entre las dos y las tres. Eran dos, supe, ambos fuera de horario por el temporal: venían de Córdoba y Mar del Plata. El descubrimiento me puso eufórico. Creo que esa fue la época en que este asunto de ser periodista empezó a interesarme de verdad. Es bastante fascinante la sensación de que las piezas van encajando, como en un rompecabezas. Tal vez lo que hacen ustedes sea algo parecido. Atar cabos. Pero otra vez me estoy yendo del tema.

Aquel día se me ocurrió –y reconozca que fue una buena idea– conseguir diarios de esas dos ciudades. Pensé que, si el tipo los veía algo, una noticia o una foto tal vez le sonaría familiar. Pero recién cuando los obtuve y empecé a ojearlos, tuve esta especie de revelación. Me di cuenta de que la solución para el problema de Pepe había estado todo el tiempo frente a mis ojos sin que yo la viera. Fue tan fuerte que intenté llamarlo de inmediato, pero no lo encontré en el hotel. Le dejé un mensaje, convocándolo a una cita para la mañana siguiente. Y todo el tiempo pensaba en cómo podíamos haber sido tan idiotas de no pensar antes en algo tan sencillo.

6 **torpe** *aquí:* ≠ hábil, inteligente, astuto – 10 **fuera de horario** no puntual – 10 **un temporal** tormenta grande – 16 **atar cabos** *fig coloq* relacionar elementos para comprender uc – 17 **ocurrirse uc a up** tener de pronto una idea – 17 **reconocer** admitir (zugeben) – 19 **sonar familiar** *aquí:* ser, resultar uc familiar – 20 **ojear** *un periódico:* durchsehen – 21 **una revelación** descubrimiento – 25 **convocar a up** citar a up –

4

Al día siguiente cuando entré al bar, el tipo estaba sentado otra vez en la misma mesa y tenía un cigarrillo en la mano.

—No sabía que fumabas –le dije y me di cuenta de que lo estaba tuteando sin habérmelo propuesto. Él no pareció notarlo.

—Yo tampoco sabía –contestó–. Lo descubrí ayer.

El tipo sentía que estaba empezando lentamente a encontrar partes de su vida anterior. No eran recuerdos, sino sensaciones, que le llegaban como oleadas de pasado. Una música en la radio, un olor, el humo. El cigarrillo había vuelto a su vida por una mujer que fumaba a su lado en un café. Las bocanadas de humo que llegaban hasta él al principio le provocaron desagrado y luego un intenso y perturbador deseo. Entonces le pidió uno. La primera pitada, me dijo, fue como sentirse en casa. Y aunque yo no fumo e incluso, le confieso, me molesta el cigarrillo, tuve que reconocer que se lo veía más contento, o tal vez más acompañado.

De pronto recordó mi mensaje.

—Bueno, contame cuál es esa idea que tanto te entusiasmó –dijo.

—Es algo que tendríamos que haber pensado el primer día. Algo obvio que va a resolver tu problema.

—Decímelo de una vez –se impacientó.

—Tu foto en el diario –dije sonriendo–. No hace falta investigar más. Alcanza con poner tu foto, una breve historia y un título tipo: «¿Usted sabe quién es este hombre?». Pensá

4 **proponerse uc** decidir hacer o no uc, tener un objetivo – 8 **vida anterior** *aquí:* pasado – 9 **las oleadas de uc** *pl aquí: fig* aparición de repente de uc en gran cantidad – 10 **el humo** Rauch – 11 **una bocanada de humo** echar up humo por la boca al fumar – 14 **una pitada** *Arg coloq* chupada que se da al cigarrillo – 15 **confesar uc** etw gestehen – 17 **acompañado** ≠ solo – 19 **entusiarmarse con (por) uc** sich für etw begeistern – 22 **obvio** eindeutig – 23 **impacientarse** perder la paciencia –

que el diario se vende en el país entero. Va a llamar todo el mundo: tu familia, amigos, tus ex novias, hasta tus maestros de la escuela primaria. No es necesario que los busquemos: ellos van a venir a nosotros.

Había imaginado una cantidad posible de reacciones. Que el tipo me abrazara, feliz, que se golpeara la frente y gritara algo como «qué idiota, no haberlo pensado antes» o que me felicitara y se largara a reír. Bueno, no pasó nada de eso. Le dio otra larga pitada a su cigarrillo y me miró serio.

—No sé, no lo veo.

—¿Cómo que no lo ves?

—Eso me va a poner a mí en el centro de la atención. Otros medios me van a acosar para saber la historia... No estoy preparado para eso.

—¿Que te van a acosar? ¿Por qué? Si solo nosotros sabemos cómo ubicarte...

Estuve aún discutiendo un rato, intentando que viera las múltiples ventajas de mi idea. Pero de pronto me interrumpí porque me di cuenta de que estaba haciendo el papel de idiota.

—Hay algo más –adiviné.

El tipo se quedó callado y apagó lentamente su cigarrillo en el cenicero.

—¿Qué es? –insistí.

—Sí, hay algo que no te había dicho –admitió al fin–. Alguien me persigue.

Entonces me contó la historia que me había estado ocultando hasta entonces. Sí, recién en ese momento supe que había un secreto. Creo que a partir de ahí me volví un poco desconfiado. Supongo que me entiende: las cosas ya no

6 **abrazar** → abrazo – 8 **felicitar** gratulieren – 8 **largarse a reír** comenzar de pronto a reír – 9 **serio** ernst – 13 **acosar a up** perseguir o molestar a up con preguntas, pedidos, quejas – 18 **interrumpir** jmdn unterbrechen – 19 **hacer el papel** *fig coloq* eine Rolle spielen – 23 **un cenicero** Aschenbecher – 28 **ocultar uc a up** jmdm etwas verheimlichen – 28 **recién** *adv Am* erst – 30 **desconfiado** no tener confianza en la gente –

parecían tan sencillas. Pero vayamos al secreto. Aunque él se enteró mucho después, había sucedido al día siguiente de su llegada al hospital. Ya había pasado el horario de visitas cuando el doctor Espeche vio un desconocido que abría la puerta para entrar en la habitación de Pepe. El médico lo frenó en seco y le preguntó qué quería. Nervioso, el tipo contó que su cuñado había tenido un accidente días atrás y que lo buscaban desde entonces. Alguien le había dicho que estaba allí, en el Hospital Fernández. En verdad, la historia no era muy coherente y otro podría haber desconfiado. Pero hay que tener en cuenta que Espeche estaba ansioso por oír algo así: hacía dos días que intentaban encontrar a alguien de la familia que se hiciera cargo de Pepe. Entonces lo dejó pasar a la habitación, donde él dormía bajo fuertes sedantes. El tipo lo miró largamente y dictaminó que sí: era su cuñado. Según Pepe lo más extraño para el médico vino después, cuando quiso saber si él se iba a morir.

—¿Y qué tiene eso de extraño? –le pregunté.

—No era la pregunta, sino el tono. Espeche dice que muchas veces ha oído a los familiares de sus pacientes preguntar eso y que siempre es entre susurros, al borde del llanto. Pero no este caso: el tipo lo preguntó como quien dice «¿tiene hora?» o «¿va a llover?».

Con la misma frialdad.

—¿Y qué le contestó?

—Que no, que no me iba a morir, pero tenía amnesia. El otro se mostró muy interesado e hizo interminables preguntas sobre la amnesia. Que si los recuerdos se borraban, que si podían aparecer más tarde, en fin un poco de todo. Después dijo que se iba a buscar a su esposa, es decir mi supuesta

1 **sencillo** simple – 4 **un desconocido** Unbekannte – 5 **frenar en seco a up** *fig coloq* jmdn stoppen – 13 **hacerse cargo de up (uc)** *coloq* sich um jmdn/etwas kümmern – 14 **un sedante** Beruhigungsmittel – 15 **dictaminar uc** dar una opinión técnica o experta sobre uc – 21 **al borde del llanto** *coloq* estar por comenzar a llorar, con los ojos llenos de lágrimas – 24 **la frialdad** Gefühlskälte – 27 **interminables** pl sin fin *aquí:* muchas – 28 **borrar** *aquí: fig coloq* olvidar – 30 **la esposa** Ehefrau –

hermana. Espeche alcanzó a pedirle un teléfono, por si acaso. El resto podrás imaginártelo: mi pretendida hermana no llegó nunca y el teléfono pertenecía a una farmacia.

—O sea que hay alguien tras tus pasos –dije y noté que me estaba empezando a enfurecer.

—Pero eso no es todo –agregó–, también está lo del taxista.

—Hay más –dije, frenando las ganas de gritarle que crecían en mi interior.

—Sí, ayer cuando salimos de acá, el taxista me llevó hasta el hospital. En el camino me contó algunos detalles sobre el momento del accidente que no quiso mencionar en tu presencia. Dice que cuando notamos que esos dos autos nos encerraban, yo me empecé a poner extremadamente nervioso y que le grité: «¡Acelere! ¡Acelere!». Parecía desesperado, eso dijo.

—Como alguien consciente de que lo persiguen.

—Exacto. Por eso no podemos poner mi foto, entendés. ¿Cómo podríamos saber si una persona que llama y dice ser un familiar no es en realidad quien me quiere matar? Yo tengo que buscar, pibe, no puedo dejar que me encuentren.

A esa altura, podrá usted imaginarse, yo estaba indignado. Me sentía estafado, tratado como un idiota.

—¿Y cuándo pensabas decirme todo esto? –pregunté, intentando todavía mantener la calma.

El tipo se encogió de hombros y encendió otro cigarrillo. Su silencio me enfureció más aún.

—¿Cuándo? –repetí alzando la voz–. ¿Cuando alguien intentara atropellarnos por la calle? Me miró con un aire burlón.

2 **pretendido** *adj* supuesto (angeblich) – 4 **(estar) tras los pasos de up** *coloq* perseguir a up – 5 **enfurecer** tener furia (wütend sein) – 7 **frenar las ganas** *de hacer uc coloq* controlar los impulsos de hacer o decir uc – 17 **poner** *aquí:* veröffentlichen – 21 **indignado** *adj* up que está muy enfadada o disgustada por uc (empört) – 22 **estafado** betrogen – 24 **mantener la calma** Ruhe bewahren – 25 **encogerse de hombros** die Achseln zucken – 25 **encender** anzünden – 27 **alzar la voz** hablar en un tono más alto o más fuerte – 28 **atropellar a up** jmdn überfahren – 28 **con aire burlón** de forma burlona (höhnisch) –

—Tal vez cuando vos me contaras que tenés diecisiete años y no sos periodista –dijo.

Fue como si me dieran un golpe en la nuca. Me llevó varios segundos hasta que pude reaccionar y darme cuenta que en apenas un instante había pasado de acusador a acusado.

—Hablaste con Polini –dije.

—Sí, el otro día te llamé al diario y no estabas.

Me atendió este Polini y adivinó que era yo. Francamente, el tipo no tiene mucho tacto: «¿El de la amnesia?», me preguntó.

Entonces quiso saber si las cosas marchaban bien con vos. Me explicó que no eras más que un aprendiz y ofreció poner otro periodista en el tema en caso de que no estuvieras avanzando. Es decir, un periodista de verdad.

—Qué cerdo –dije–, me había dado una semana.

—Le dije que no –aclaró–, que todo iba bien. Hasta le dije que tenías buen olfato para esto.

—Supongo que tengo que agradecerte.

—No. Supongo que estamos a mano.

5 **el acusador** *jur* Ankläger – 5 **el acusado** *jur* Angeklagte – 9 **tener tacto** *fig coloq* habilidad para tratar con otras personas o tratar temas con diplomacia – 10 **marchar bien las cosas** *fig coloq* ir o funcionar bien uc, una situación, etc – 13 **avanzar** progresar (vorankommen, fortschreiten) – 14 **(ser) un cerdo** Schwein *aquí: fig coloq desp* up con malas intenciones – 16 **tener buen olfato** *fig coloq* den richtigen Riecher haben – 18 **estar a mano con up** *coloq* quitt sein –

5

Llevó un tiempo reinstalar entre nosotros el clima de concordia. Yo aún me sentía furioso con el tipo, indignado por la forma en que me había ocultado la parte más oscura de su historia. Esa información echaba para mí una luz diferente sobre todo el asunto. Ya no se trataba de ayudar a un hombre amnésico a encontrar su nombre, su familia, su final feliz. Ahora mi papel consistía en andar paso a paso con un tipo que escapaba. ¿De qué? ¿De quién? Ni él mismo lo sabía. Yo era consciente de que ese pedazo de historia podía explotarnos en la cara en cualquier momento, precisamente por eso: es imposible escapar de lo que no se conoce. ¿Cómo saber si el tipo que estaba al lado nuestro en un bar o el que nos miraba distraídamente por la calle no era el enemigo que pretendía hacerlo pedazos? ¿Y cómo saber si el que quería hacerlo pedazos a él no hacía lo mismo conmigo? Reconozco que en esa época se me cruzó por la cabeza la idea de abandonar el asunto. Sí, para qué negarlo, tenía miedo. Pero al mismo tiempo sabía que eso equivalía a firmar mi certificado de defunción ante Polini. Si yo dejaba el caso, otro lo tomaría y eso me condenaba a ser el idiota de la redacción durante el resto de mi estadía en el diario. Nunca más iba a lograr que me encargaran una nota. Era, también, una capitulación ante mí mismo: echarme atrás en el primer desafío importante que me surgía en la vida. Ser un cobarde, entiende. No se crea que yo me precio de ser valiente, pero achicarse ante la primera dificultad es poco digno.

2 **la concordia** Eintracht – 7 **el papel** *aquí: fig* Rolle – 9 **un pedazo** una parte de uc – 13 **distraídamente** sin mucha atención – 13 **un enemigo** ≠ amigo – 14 **hacer pedazos a up** *loc coloq* golpear violentamente a up – 16 **cruzarse uc por la cabeza** *fig coloq* tener de repente una idea o un pensamiento – 18 **equivaler** ser → equivalente – 18 **el certificado de defunción** Totenschein – 20 **condenar a up** jmdn verurteilen *aquí:* tener una consecuencia grave – 22 **encargar uc a up** jmdn etwas auftragen – 23 **echarse atrás** *fig coloq* sich zurückziehen – 23 **un desafío** Herausforderung – 24 **surgir** *aquí:* aparecer – 25 **preciarse de uc** creer up que tiene una cualidad o habilidad para uc – 25 **valiente** tapfer – 25 **achicarse** *aquí: fig coloq* aufgeben – 26 **digno** würdig –

Veo que a usted le sorprende que yo no le temiera a él. Es cierto que yo no sabía qué había hecho y ni él mismo lo sabía. Bien podía ser que estuviera pasando mis días junto a un asesino. Pero, vaya a saber por qué, yo no creía que fuese así. No por lo menos en ese momento.

El tipo sacó el tema al otro día, cuando nos encontramos en el bar. Me había llamado temprano para fijar un horario y en su tono se notaba un evidente deseo de hacer las paces. Cuando llegué lo encontré fumando y mirando los diarios de Córdoba y Mar del Plata que yo le había entregado el día anterior. Al verme, sonrió.

—Muy buena idea la de los diarios, pibe –dijo–, encontré algo interesante.

Pedimos otro café para él y un jugo para mí. Entonces me dijo que antes de contarme su hallazgo quería que discutiéramos otra cosa. Su expresión era seria y supuse que íbamos a volver sobre lo sucedido el día anterior. En verdad, yo no tenía ningún deseo de reflotar el tema. Porque el asunto tenía dos caras y hablar de su engaño también significaba hablar del mío. De mis diecisiete años y mi total inexperiencia como periodista. Sé que ahora se me ve algo más aplomado y seguro de mí mismo. Pero por entonces no estaba pasando por el mejor momento en cuanto a mi autoestima. Sabía que si discutíamos el tema estaba obligado a hablar bien de mí, a convencerlo de mi capacidad para llevar la investigación a buen puerto pese a mi corta edad y mi escasa experiencia, pero no me creía capaz de convencerme ni a mí mismo. Dicho de otro modo, me sentía un perfecto imbécil, que es algo que me sucede habitualmente. De modo que intenté escabullirme.

1 **temer** fürchten – 6 **sacar un tema** *aquí: coloq* hablar de uc – 8 **hacer las paces** *loc* reconciliarse, volver a ser amigos – 14 **un jugo** *Am* zumo – 15 **un hallazgo** uc que se encuentra o descubre – 17 **volver sobre uc** *aquí:* hablar otra vez sobre uc – 18 **reflotar un tema** *fig coloq* volver a hablar de uc discutida hace tiempo – 19 **un engaño** Betrug – 21 **aplomado** *adj* tranquilidad y seguridad ante una situación difícil o problema – 23 **la autoestima** Selbstwertgefühl – 26 **llevar uc a buen puerto** *fig coloq* solucionar un problema o salir con éxito de una situación difícil – 26 **pese a** a pesar de – 26 **escaso** poco, limitado – 27 **capaz de uc** con talento o cualidades para hacer uc – 29 **escabullirse** *coloq* escapar de una situación difícil sin que nadie se de cuenta –

—Está bien –dije–, ya se me pasó la bronca. Él, sin embargo, insistió sobre el tema. Me dijo, a boca de jarro, que si yo quería abandonar todo el asunto él lo entendía. A fin de cuentas, agregó, no podía darme ninguna seguridad.

—Está bien –repetí–, quiero seguir.

—Espero que tengas claro que yo no sé qué hice ni de qué me estoy escapando –agregó–. Tal vez sea un cretino.

Lo miré con atención.

—No tenés cara de cretino –dije.

Sonrió y con eso dimos por terminado el asunto.

Sé lo que usted piensa: que yo fui demasiado ingenuo, que no evalué correctamente el riesgo que corría. Tal vez. Pero déjeme decirle algo: todo tiene su ventaja y su desventaja. En aquel momento me pareció que ganaba más de lo que perdía. Sí, supongo que luego cambié de idea, pero entonces ya era demasiado tarde.

El tipo me contó que había leído con toda atención el diario de Córdoba, pero nada, ni la más modesta de las noticias, había llamado su atención. Entonces había tomado el de Mar del Plata ya con pocas expectativas. Y cuando casi lo terminaba, en la anteúltima página, ahí estaba. El milagro.

—¿Qué? –pregunté ansioso.

Abrió el diario en la mesa del bar y lo puso delante de mí.

—Esto.

Señalaba una foto pequeña, casi al final de la página, que mostraba una iglesia. El epígrafe decía que se estaban haciendo reparaciones en una capilla antigua, con gran valor histórico.

—¿Y con esto qué?

—No entendés, pibe: la reconocí. Sentí algo. Es la primera vez que una imagen me dice algo. Y cuando cerré los ojos, pensando en ella... –los cerró como buscando repetir la

1 **una bronca** *coloq* enojo grande y violento – 2 **a boca de jarro** *loc coloq* decir uc de manera brusca, con cierta agresividad – 11 **ingenuo** naiv – 12 **correr riesgos** ein Risiko eingehen – 18 **modesto** *adj* humilde – 21 **un milagro** Wunder – 26 **un epígrafe** Inschrift – 30 **decir uc** *aquí: fig coloq* tener uc significado para up, ser familiar –

sensación–, entonces vi algo más. Al lado hay una casa. Es blanca, tiene dos columnas y escalones, tres o cuatro.

Abrió los ojos y sonrió.

—¿Ves? Yo no veía nada.

—¿Qué?

—Que Mar del Plata debe ser mi ciudad. Si no, ¿por qué iba a recordar una iglesia?

Me pareció antipático tirar abajo sus ilusiones, pero yo tenía bastantes dudas sobre el asunto.

—Puede ser parecida a otra –dije– o puede ser que la hayas visto alguna vez, de visita.

El tipo sacudió la cabeza, como espantando esa idea.

—No, tiene que haber algo más. Desde que salí del hospital me la he pasado caminando por esta ciudad, mirando. Hasta ahora ningún lugar, ninguna casa, ninguna cara me despertó el más mínimo recuerdo. Esta iglesia tiene que tener un significado en mi vida.

—¿Y qué hacemos? –pregunté.

Enseguida me arrepentí. Se suponía que yo tenía que proveer las ideas, pero nuevamente fue él quien tomó la iniciativa. Creo que ya tenía pensado el camino a seguir, había hecho planes y resuelto todo, como siempre, antes de encontrarse conmigo.

—Hay que llamar a alguien de Mar del Plata y preguntar si al lado de esa iglesia hay una casa como la que yo recuerdo –me explicó–. Si la casa no existe, significa que me equivoqué y hay que seguir buscando.

—¿Y si está?

—Entonces –sonrió–, estamos en el camino correcto. Y hay una sola manera de seguir adelante.

—¿Cuál?

—Ir a Mar del Plata.

2 **una columna** Säule – 2 **un escalón** Stufe – 8 **tirar abajo uc** *fig coloq* destruir – 12 **espantado** *adj* muy asustado, con miedo – 15 **despertar** *aquí: fig* hacer que aparezca en la mente un recuerdo – 19 **arrepentirse de uc** etwas bereuen – 19 **proveer uc** versorgen *aquí: fig* dar, aportar – 29 **seguir adelante** *coloq* continuar –

Yo sentí que el asunto ya se estaba escapando de mis posibilidades.

—¿Ir? –pregunté asustado.

—Claro –dijo poniéndose de pie–, pero primero averigüemos lo de la iglesia.

Así es el tipo, ansioso. Una vez que decide algo, cada minuto de demora le fastidia. De modo que fuimos en ese mismo momento hacia el diario. Conseguí el teléfono de la iglesia y respondió una mujer que se ocupaba de los quehaceres de la parroquia. Pareció sorprendida por mi pregunta, pero inventé una historia bastante plausible: le dije que estábamos haciendo una nota sobre edificios históricos y que no queríamos confundirnos con las fotos que publicaríamos. Necesitaba saber si tenía al lado una casa blanca.

—Sí, es blanca –dijo aún sorprendida.

—¿Tiene columnas?

—Sí, dos.

—¿Y escalones?

La mujer ya parecía fastidiada.

—Espere, que no estoy segura –me dijo–, voy a mirar. Cuando volvió su voz sonaba agitada por el apuro.

—Son cuatro –dijo–, cuatro escalones. ¿Algo más? Agradecí y corté. Cuando levanté la vista vi que Pepe estaba pendiente de mis palabras. Alcanzó una sonrisa para que entendiera y se levantara de un salto de su silla. La noticia lo había puesto eufórico.

—A hacer planes, pibe –me dijo–, averigüemos a qué hora salen mañana los ómnibus para Mar del Plata. Sin esperar mi respuesta, tomó una guía y empezó a buscar los teléfonos de las empresas de transporte.

—Esperá –lo frené–, ¿quién va a ir a Mar del Plata?

1 **escapar uc de las posibilidades de up** la solución a uc está más allá de lo que up puede hacer – 7 **la demora** Verspätung – 7 **fastidiar** molestar, irritar – 9 **los quehaceres** *domésticos: pl* tareas de la casa – 10 **una parroquia** Pfarrhaus – 19 **fastidiado** molesto (→ fastidiar) – 21 **agitado** keuchend – 21 **el apuro** Eile – 23 **pendiente** atento – 25 **de un salto** de repente y enérgicamente – 31 **frenar a up** *fig coloq* jmdn stoppen –

—Los dos, por supuesto –sonrió–, nuestra investigación sigue allá.

A esa altura, le confieso, yo estaba preocupado.

Veía dos importantes obstáculos para hacer ese viaje. El primero era el propio diario: nunca iban a aceptar pagar los gastos para que un inexperto como yo intentara aprender a ser periodista en otra ciudad. Yo no tenía dudas de que en ese caso Polini iba a querer enviar a otra persona. El segundo obstáculo era mi madre. Usted no la conoce a mi madre, si no sabría que la posibilidad de que me dejara ir de viaje con un desconocido amnésico que tal vez fuera un asesino es francamente impensable. Pero imagínese a un periodista diciendo que su madre no lo deja ir de viaje. Un papelón. De modo que me limité a mencionarle la otra cuestión, la del diario y los gastos.

—No hay problema –dijo él–, yo pago todo: el viaje, el hotel y los gastos. Como te conté, tengo dinero. Por ahora puedo financiar esta investigación. Avisá que salimos mañana.

Así se decidió el viaje. Polini al principio intentó oponerse: adujo que corríamos el riesgo de arruinar una buena historia por culpa de mi inexperiencia. No, por supuesto que no estaba preocupado por mí, el tipo no sabe lo que es un sentimiento. Era solamente que no quería perder la nota. Al fin aceptó a regañadientes, y solo porque el propio Pepe se presentó en el diario y le dijo que quería que fuese yo. A mi madre, por supuesto, le mentí. Le dije que el diario me invitaba a pasar unos días en sus oficinas de Mar del Plata, para mejorar mi formación.

Claro, ahora estoy en un problema. Ya leyó el diario, así que imagínese su cara. Y los gritos que me lanzó por teléfono. Imagínese ante esta situación la cara de una madre italiana que ha vivido para criar a su único hijo. O sea, yo.

4 **un obstáculo** Hindernis – 6 **los gastos** *pl* Kosten – 10 **dejar** permitir – 13 **un papelón** *fig coloq* manera ridícula de actuar – 18 **oponerse** estar en contra – 19 **aducir** *cult* dar razones, argumentos – 20 **por culpa de** *neg* a causa de, por motivo de – 23 **a regañadientes** con disgusto, de mala gana – 25 **mentir** lügen – 29 **lanzar gritos** *aquí: coloq* gritar con enfado a up – 31 **criar** cuidar y educar a un niño o joven –

Sí, mi padre murió cuando yo era chico. Desde entonces mi madre se dedicó única y exclusivamente a mí. Su sueño siempre fue que yo fuera médico, como mi padre y mi abuelo. Pero la medicina no me interesa. No sé si a usted le sucedió, o si recuerda aún lo difícil que es definir un camino cuando uno tiene diecisiete años. Creo que a veces las ganas de conformar a los otros se mezclan con lo que uno siente. Por eso, en un momento realmente pensé que la medicina podía interesarme. Llegué a estar bastante convencido y casi me anoto en la facultad. Pero un día me di cuenta de que me estaba engañando a mí mismo: no es solamente que no me interesa, la medicina me parece aburridísima.

Desde que se lo dije, las cosas entre nosotros no andaban muy bien. Además, mi madre nunca vio con buenos ojos que yo escribiera, dice que los cuentos con que lleno cuadernos son una pérdida de tiempo. Lo que mejoró un poco la situación fue el asunto del concurso: tener un hijo periodista ya no le parecía tan mal. Hasta ahora, claro. Hasta hoy.

Pero todo esto es un problema mío. Sé que a usted no le interesa, lo que usted quiere es saber más sobre el tipo. Quiere que le cuente cómo cambió previamente a nuestra partida. Antes voy a decirle algo: el disfraz no prueba, como usted parece suponer, que él ocultaba algo, que sabía más de lo que me decía. Para mí, al menos, era al revés: el disfraz era su coraza, el escudo que lo protegía del peligro desconocido que podía acechar en Mar del Plata.

Se había transformado, sí. Cuando nos encontramos aquella mañana en la terminal de ómnibus su pelo estaba más corto y lo había teñido de un castaño casi pelirrojo. De la barba ya no había señales. Además llevaba unos anteojos de armazón

1 **ser chico** ser un niño – 5 **definir un camino** *aquí: fig* elegir una profesión – 7 **conformar a up** cumplir con el deseo de up – 10 **anotarse** sich immatrikulieren – 13 **las cosas** *pl aquí:* la relación – 14 **ver con buenos ojos uc** *fig coloq* aceptar uc – 21 **la partida** Abfahrt – 22 **un disfraz** Verkleidung – 25 **una coraza** Ritterrüstung *aquí: fig* protección – 25 **un escudo** Schutzschild *aquí: fig* protección – 26 **acechar** drohen – 29 **teñir** färben – 29 **pelirrojo** *adj* rothaarig – 30 **el armazón** Brillengestell –

negro y grueso. Pero eso no era lo más sorprendente. Lo que impidió reconocerlo de entrada fue su vestimenta: tenía una sotana que casi rozaba el piso.

Al oír la voz, miré en su dirección. Me tomó unos segundos advertir que el cura que me saludaba era él y entonces un escalofrío me recorrió el cuerpo.

—No te había reconocido –le dije.

—Perfecto –contestó–. Esa era la idea. Desde ahora, soy el Padre Pepe.

Así empezamos el viaje. El Padre Pepe y yo.

2 **impedir** hacer que uc no sea posible – 2 **de entrada** *coloq aquí:* desde el comienzo – 2 **la vestimenta** Bekleidung – 3 **una sotana** Soutane – 3 **rozar uc** tocar suavemente – 5 **advertir uc** darse cuenta de uc – 5 **un cura** *sacerdote* (Priester) católico – 6 **un escalofrío** Schauder – 9 **el Padre** forma usada para llamar a un sacerdote católico –

6

La elección del disfraz había sido resultado de una profunda reflexión. Ser un cura, me dijo el tipo en el ómnibus, tenía varias ventajas. La primera es lo que él definía como el «efecto sotana»: al cruzarse con un cura, muy pocos miran con atención su cara. La vestimenta lo define de una manera tan absoluta que difícilmente alguien busca reconocer en él a otra persona. La segunda ventaja, me explicó, es que a ningún policía se le ocurriría pedirle documentos a un cura. Y eso no era una cuestión menor, si tenemos en cuenta que el tipo no tenía ni un papel, ni una credencial, ni siquiera el carné de un club que lo identificara como una persona real, con nombre y apellido.

Claro que también había desventajas. Por ejemplo, toparse con otro cura podía ser un verdadero problema. El tipo se había inventado una identidad: era el Padre Pepe Menéndez, de la Iglesia Juan Bautista, en Florencio Varela, provincia de Buenos Aires. Hasta ahí, todo bien. ¿Pero y si el cura conocía esa iglesia? ¿Y si le preguntaba cuál era su congregación, o dónde se había formado? Concluimos que lo mejor era evitar todo contacto con un sacerdote de verdad. Claro que también estaba la cuestión de los fieles, porque el tipo no sabía qué contestar si alguien buscaba su asesoramiento como pastor. Aun así, le aseguro que una vez que empezó a sentirse cómodo en el papel, lo hizo bastante bien. Dio su bendición a varios chicos, mandó rezar tres padrenuestros a un hombre que se le confesó pecador en un bar y hasta logró salir airoso una vez que una mujer lo abordó para preguntarle qué actividades podía llevar a cabo durante la Cuaresma. Aquel día lo vi dudar

10 **una credencial** un documento de identificación personal – 13 **toparse** *coloq* encontrarse de repente con up o uc – 19 **formarse** sich ausbilden – 21 **los fieles** *pl* Gläubige – 22 **un asesoramiento** consejo y opinión de up sobre uc que conoce bien – 22 **un pastor** *católico* un sacerdote – 24 **la bendición** Segen – 25 **rezar el padrenuestro** das Vaterunser beten – 26 **confesar** beichten – 26 **un pecador** Sünder – 26 **salir airoso de uc** tener éxito en una situación difícil – 27 **abordar a up** acercarse a up para hablar con ella – 28 **llevar a cabo uc** hacer uc – 28 **la Cuaresma** Fastenzeit –

durante unos segundos. Después la miró a los ojos, puso una mano en su hombro y en tono paternal le dijo:

—Tu conciencia sabrá decírtelo, hija mía.

Reconozca que el hombre es un artista. Pero ya sé que usted está esperando otra cosa: saber qué hizo después que llegamos a Mar del Plata. Lo cierto es que no puedo darle un detalle completo de sus actividades, porque nuestros rumbos se dividieron. Una vez que nos instalamos en el hotel donde había reservado dos habitaciones, decidimos emprender distintas actividades. Mi papel consistía en ir a las oficinas de un diario local, donde ya había hecho contacto con un periodista. Con su ayuda, yo debía buscar información sobre cualquier hombre cuya desaparición hubiese sido denunciada en los días en que el tipo se accidentó. Como me pareció que esa veta no resultaba demasiado provechosa, decidí también revisar archivos del periódico, en busca de alguna noticia sucedida en el curso del último mes que pudiese echar luz sobre la identidad de Pepe. Pensé que si había tenido que huir, perseguido por una banda de asesinos, tal vez estuviese ligado a un hecho de repercusión pública.

La actividad me tomó el día entero. Cuando volví al hotel, agotado, el tipo no estaba en su habitación. Me llamó un rato después y me citó en un restaurante para cenar. A esa altura, había descubierto otra de las ventajas del disfraz: la amabilidad que la mayoría de la gente se siente obligada a desplegar ante un cura. En los transportes no querían cobrarle, en la calle le cedían el paso y los mozos se esmeraban en tratarlo bien. Aun así, cada persona que lo miraba fijamente significaba

2 **paternal** *adj* con afecto, cariño de padre – 4 **un artista** *aquí:* Schauspieler – 7 **un rumbo** *fig* dirección o camino que se sigue para llegar a un lugar – 9 **emprender** iniciar, comenzar – 13 **denunciar** anzeigen – 14 **accidentarse** tener un → accidente – 15 **una veta** *geol* Ader *aquí: fig* una línea, una fuente de investigación – 15 **provechoso** útil, beneficioso – 17 **el curso** *aquí:* transcurso; durante ese tiempo – 19 **estar ligado a uc** tener relación con uc o situación – 20 **la repercusión** resonancia – 22 **agotado** muy cansado, sin energía – 25 **desplegar** entfalten *aquí:*mostrar – 27 **ceder el paso a up** hacer lugar, pararse bremente para dejar pasar a up – 27 **esmerarse** poner mucho cuidado y atención al hacer uc –

para él un tormento. Yo tuve oportunidad de observarlo: en los segundos que duraba esa mirada el tipo creía ver la luz del reconocimiento que podía significar su muerte. Por eso, eligió un restaurante pequeño y lejos del centro, con escasa concurrencia. Allí lo encontré, estudiando diarios y revistas que había comprado. Estaba ansioso por conocer mis avances y nos dedicamos a ello de inmediato.

Con los denunciados como desaparecidos por sus familias, le anticipé, no había suerte: en el mes posterior a su partida hacia Buenos Aires solo había tres casos: un anciano de noventa y tres años perdido en un parque, una mujer mentalmente alterada y un chico de dieciséis.

—No –reconoció desilusionado–, eso no sirve. ¿Tenés algo más?

Le conté que había recorrido los archivos del diario en busca de los casos criminales que hubiesen sucedido en torno a la fecha de su partida. Tras excluir aquellos ya resueltos, donde era evidente que el tipo no podía haber tenido participación alguna, había dos que habían despertado mi interés y sobre los que había tomado abundantes notas en mi cuaderno.

—El primero –le dije una vez que encargamos nuestra cena– es un tipo que se escapó de la cárcel.

—Un prófugo –dijo y también él empezó a tomar notas en una pequeña libreta–. Interesante. Contame.

La fuga se había producido dos días antes del viaje de Pepe a Buenos Aires. Eran tres hombres los que habían logrado escapar del penal, aparentemente con la complicidad de un guardia. A dos de ellos los habían recapturado días después.

1 **un tormento** uc o situación que produce dolor o sufrimiento – 2 **la luz del reconocimiento** *lit fig aquí:* ser reconocido por up – 5 **la concurrencia** el público, la gente que va a un lugar – 6 **los avances** *pl aquí:* progresos, logros – 9 **anticipar** informar, comunicar uc antes de lo que se esperaba – 9 **posterior** ≠ anterior – 10 **un anciano** persona muy vieja – 11 **up mentalmente alterada** up con alguna enfermedad mental (Geistesstörung) – 17 **excluir** ≠ incluir – 17 **resuelto** solucionado – 21 **encargar uc** pedir (bestellen) – 23 **un prófugo** up que ha escapado de la policía o la justicia – 25 **una fuga** Flucht – 26 **lograr** conseguir – 27 **un penal** cárcel – 27 **la complicidad** colaboración y ayuda en una acción generalmente secreta – 28 **un guardia** *de policía* policía – 28 **recapturar a up** volver a encarcelar a up que había escapado de la cárcel –

Pero uno seguía prófugo y temían que hubiera dejado la provincia. Según las descripciones publicadas, era delgado, medía 1,70 metros y tenía 38 años.

—No es exactamente mi descripción, pero no está tan lejos –dijo Pepe–. ¿De qué lo acusan?

—Homicidio. Degolló a un tipo al que estaba asociado en un oscuro negocio. Al parecer el otro lo había engañado con las ganancias. Ya tenía antecedentes: dos años antes había estado preso durante ocho meses por robar en una joyería y de adolescente fue detenido varias veces. Dicen que lo consideran un preso peligroso, de mala conducta y constantes enfrentamientos en el penal.

—Asesino y ladrón –resumió el tipo–, ¿seré yo?

Le dije que no me parecía. Es que no daba el perfil: se notaba que Pepe había tenido una cuidadosa educación. Le aseguro que usted diría lo mismo. Basta con ver su buen trato con la gente, su forma de expresarse, sus gestos. Incluso había descubierto, viendo una película norteamericana, que entendía bastante inglés. Y cuando me propuse enseñarle a buscar información a través de Internet fueron suficientes un par de instrucciones para que se moviera como si hubiera nacido con una computadora bajo el brazo.

Nada que ver con un preso violento y peligroso.

—Además –agregué–, dicen que el prófugo tiene un tatuaje en el antebrazo izquierdo.

El tipo se subió la manga de la camisa y ambos miramos. Había algunos rasguños, consecuencia del accidente, pero de tatuajes, nada.

6 **un homicidio** un asesinato – 6 **degollar a up** cortarle el cuello (Hals) a up – 8 **tener antecedentes** *policiales* vorbestraft sein – 9 **preso** en la cárcel – 9 **una joyería** negocio de *joyas* (Juwelen) – 10 **detener** *la policía a up* arrestar a up (jmdn festnehemen) – 11 **un preso** up que está en la cárcel – 11 **la conducta** comportamiento – 12 **un enfrentamiento** *aquí:* pelea – 14 **no dar el perfil** *aquí:* no coincidir con la descripción – 22 **nacer con uc bajo el brazo** tener habilidad *innata* (angeboren) para uc – 25 **un antebrazo** Unterarm – 26 **una manga** Ärmel – 27 **un rasguño** Kratzer –

—Esta es la única marca que tengo –dijo y extendió el brazo derecho. En la cara interna había una pequeña cicatriz, probablemente de infancia–. De todas formas –agregó–, hoy en día un tatuaje se puede borrar.

En eso tuve que darle la razón.

El segundo caso que yo traía en mis notas había sido apodado «el crimen de la mansión». Tenía los ingredientes necesarios para convertirse en un festín para la prensa: misterio, odios, sangre, romance y todo esto en el corazón de una familia rica. El asesinato había sucedido una semana antes de que Pepe viajara. Ese día, un lunes por la mañana, la empleada doméstica de los López Estabillo había entrado a la mansión de tres pisos para encontrar un panorama trágico: los dueños de casa –Mariela y Juan Manuel López Estabillo– estaban tirados sobre la alfombra, en medio de un charco de sangre. Entre los dos habían recibido cinco balazos, todos por la espalda. La casa estaba desordenada, faltaban algunos objetos y había una ventana rota. Pero el escenario, que a primera vista parecía ser el de un robo, había sido preparado con bastante torpeza, según se descubrió después. El supuesto ladrón había olvidado llevarse el dinero que estaba en un cajón, al alcance de cualquiera. Además, habían roto la ventana desde dentro. Todo indicaba que al asesino le habían abierto la puerta y había armado la escena después de matar a los López Estabillo. Las sospechas primero se dirigieron a un hermano con quien Juan Manuel había tenido una fuerte discusión. Pero esa pista se fue diluyendo, sin que pudieran probar nada.

2 **una cicatriz** Narbe – 3 **la infancia** época en la que up es niño/a – 7 **apodar** jmdm einen Spitzname geben *aquí: fig* poner un título a una noticia – 7 **una mansión** casa muy grande y lujosa – 8 **un festín** gran fiesta, banquete – 10 **un asesinato** → asesinar a up – 12 **una empleada doméstica** up que trabaja haciendo las tareas de la casa – 15 **un charco de sangre** Blutlache – 16 **un balazo** Schuss – 17 **desordenado** ≠ ordenado – 18 **un escenario** lugar donde se desarrolla una acción o una serie de hechos – 18 **a primera vista** sin fijarse mucho, en una primera impresión (Eindruck) – 20 **con torpeza** *aquí:* de forma incompetente, con errores, poco profesional – 22 **al alcance de** accesible, de fácil acceso – 24 **armar uc** etwas aufstellen *aquí: fig coloq* preparar, disponer uc – 25 **una sospecha** Verdacht – 27 **una pista** Spur – 27 **diluir uc** etwas auflösen *aquí:* perder importancia –

La segunda teoría surgió cuando una de las amigas de la mujer muerta se decidió a hablar. Le contó a los investigadores que Mariela había sido extorsionada a lo largo de un año por un ex novio que conocía algo que ella prefería ocultar. Días antes de morir le había confesado a su amiga que ya no soportaba más: pensaba contarle todo a su marido y negarse a la extorsión.

—El sospechoso es el ex novio –concluyó el tipo.

—Sí –admití–, pero nunca lo encontraron. No hay ningún dato concreto de él.

Como el propio Pepe se encargó de señalarme, en este caso él encajaba bastante bien con el perfil: el ex novio de una mujer tan elegante debía ser un tipo agradable y educado.

—Es cierto –dije–. Aunque hay un detalle que no cierra. La amiga dijo que Mariela se lo describió: que es un hombre joven e increíblemente bello. Un verdadero galán.

El tipo se rió.

—No veo por qué eso me deja afuera. No hay que fiarse del gusto de las mujeres, pibe.

En ese momento llegó la comida: tallarines con salsa de tomate para mí y carne asada para él.

—Resumiendo –dijo el tipo mientras se lanzaba hambriento sobre su plato–: tenemos hasta ahora dos posibilidades. O degollé a mi socio y me fugué de la cárcel o maté a mi ex novia por la espalda después de extorsionarla. ¿No te pone nervioso comer en semejante compañía?

Intenté seguirle la broma, aunque no voy a negar que me puso ligeramente nervioso.

—No –le dije–, ese cuchillo no parece cortar muy bien. Pero si quiere saberlo, entonces yo no tenía realmente miedo. Veía todo como un entretenimiento, como si jugara a los detectives.

3 **extorsionar** erpressen – 5 **no soportar uc** → insoportable – 6 **negarse** no querer hacer uc – 10 **encargarse de señalar uc** *aquí:* decir, indicar uc claramente (con palabras) – 13 **no cerrar uc** *fig coloq* algo no coincide o no es coherente en una argumentación – 17 **dejar afuera** *aquí:* no ser el sospechoso – 17 **fiarse de up** confiar en up – 19 **unos tallarines** *pl* Spaghetti – 21 **hambriento** *adj* → hambre – 25 **semejante** *aquí:* tal – 26 **una broma** Scherz – 27 **ligeramente** *aquí:* un poco – 30 **un entretenimiento** Unterhaltung –

Aquella noche, una vez que terminamos de cenar le mostré al tipo algunas revistas que había comprado, con la idea de que las ojeara para ver si algo llamaba su atención. Lo hizo sin demostrar mayor interés, hasta que llegó a un artículo donde se hablaba de la muerte de un fiscal. Observé que miraba con detenimiento las fotos del frente de la casa donde había tenido lugar el asesinato.

—No sé –dijo al fin–, esto me resulta vagamente conocido, pero no estoy seguro.

Acordamos que al día siguiente yo iba a buscar más información sobre ese caso. Pero creo que a esa altura los dos teníamos pocas esperanzas. Yo me sentía profundamente pesimista: me parecía que todo iba a terminar en nada, que volvería a Buenos Aires con las manos vacías. Claro que me equivocaba, me equivocaba completamente.

5 **el fiscal** Staatsanwalt – 6 **detenimiento** *aquí:* con atención – 6 **el frente** parte de adelante de una casa (Fassade) – 8 **vagamente** de manera poco clara – 10 **acordar uc** ponerse de acuerdo en o decidir uc dos o más personas –

7

Aquella noche al terminar la cena a los dos nos invadió un tremendo cansancio. El tipo me había dicho que quería mostrarme un lugar antes de volver al hotel, pero al fin decidimos que lo dejaríamos para el día siguiente. Para ambos había sido un día duro, no solo por el viaje, sino por lo que significaba estar allí. Aunque no lo supe hasta después, Pepe había empezado a enfrentarse a ciertas imágenes que creía recordar. Y yo me enfrentaba a mí mismo. Quiero decir, era la primera vez que estaba solo tan lejos de casa. Ya había hecho antes un par de viajes con amigos, a la playa, pero es distinto. Esos viajes son para reírse, hablar de chicas y pasarlo bien. Ahora, en cambio, tenía por única compañía un tipo en el que confiaba poco y eso me hacía sentir sumamente tenso. Esa noche, entonces, todo lo que los dos queríamos era ir a dormir al hotel.

Por eso, pasó un día entero hasta que volvimos a encontrarnos. Durante la mañana, volví al archivo del diario a buscar información sobre la historia del fiscal, pero el asunto se prolongó más de lo esperado y también pasé allí buena parte de la tarde. Llamé a Pepe e hicimos una cita en el mismo restaurante a las ocho. Cuando llegó lo noté intranquilo, raro. Pero no me quiso decir nada, solo quería escuchar el caso.

Le dije que, en mi opinión, era interesante, aunque no terminaba de ver dónde podía caber él. También había un asesinato, esta vez en la casa de un fiscal de la justicia de Mar del Plata. El crimen había tenido lugar el día anterior a la partida de Pepe, y según me contaron, había generado un profundo impacto en la ciudad. Claro que esto usted ya lo sabe,

1 **invadir uc a up** etw überkommt jmdn – 2 **tremendo** *adj* de gran intensidad, muy fuerte – 4 **dejar uc** *para mañana:* etw auf morgen verschieben – 13 **sumamente** *adv cult* grado máximo de uc – 13 **tenso** ≠ relajado – 19 **prolongarse uc** hacer que uc dure más tiempo de lo normal – 19 **buena parte** gran o la mayor parte de uc – 21 **intranquilo** ≠ tranquilo – 24 **caber** *aquí:* participar en uc – 28 **un impacto** *aquí:* impresión emocional fuerte en la gente –

pero le aseguro que nosotros desconocíamos prácticamente todo sobre el tema. Yo apenas recordaba vagamente haber leído algo en Buenos Aires y si el tipo lo había sabido alguna vez, se le había olvidado con el resto de su vida.

No veo para qué pueda servirle, pero no tengo inconvenientes en repetirle lo que le conté a él ese día. Por entonces yo no sabía gran cosa: todo podía resumirse en pocos párrafos. La noche del 25, el fiscal Julio Marcucci había recibido la visita de un primo. Estaban ambos sentados en su estudio en la planta baja, el fiscal frente a la ventana y el primo de espaldas. Las cortinas no estaban del todo cerradas, de modo que era posible verlos desde la calle. Entonces un auto negro se detuvo en la puerta. Según contaron algunos vecinos que declararon como testigos, bajaron dos tipos con las caras cubiertas y unas impresionantes armas largas que escupieron dos ráfagas mortales contra la casa. Duró apenas unos instantes. Antes de que los testigos pudieran sobreponerse al shock, el auto ya no estaba. El fiscal y su primo murieron de inmediato.

—¿Alguien tenía motivos para matar al fiscal? –me preguntó Pepe.

—Al parecer sí, había investigado varios casos que involucraban a pesos pesados –le contesté–. Por lo pronto, se descartó que el ataque hubiera sido dirigido contra el primo: era un médico pediatra querido por todo el mundo, un tipo más bueno que el pan. Además, la visita ni siquiera estaba prevista: había pasado a saludar a Marcucci, sin avisar.

De mi lectura de los diarios y de las conversaciones que mantuve con algunos periodistas, pude observar que se había

1 **desconocer** ≠ conocer – 5 **servir** ser útil – 5 **un inconveniente** molestia que provoca uc o situación – 11 **una cortina** Gardine – 14 **cubierto** → cubrir – 15 **un arma larga** arma de fuego de cañón largo – 15 **escupir** spucken *aquí: fig coloq* disparar (Schießen) – 15 **una ráfaga** Böe *aquí:* varios disparos (Schüsse) seguidos – 17 **sobreponerse** superar un problema o situación difícil (recuperarse) – 22 **involucrar a up** jmdn in etwas verwickeln – 22 **un peso pesado** categoría deportiva del boxeo *aquí: fig coloq* persona con mucho poder o influencias – 22 **por lo pronto** por el momento – 23 **descartar uc** ausschließen – 25 **up más buena que el pan** *coloq* muy buena – 28 **mantener** *aquí:* tener –

impuesto la teoría que vinculaba el crimen al principal caso que el fiscal tenía entre manos: la del robo al banco, sucedido unos dos meses antes. Sí, por supuesto que yo de esto me acordaba, si en su momento el país entero habló del tema. Pero él no tenía ni idea. Entienda, es como si el tipo acabara de llegar de otra galaxia: no sabe nada de nada.

Por supuesto, el tema le apasionó. Y a quién no, es el robo perfecto.

Eso le dije esa noche: que el caso parecía una película.

Él sonrió mientras prendía un cigarrillo.

—¿Una película?

—Sí, una de misterio –le dije–. Escuchá. Un viernes, pasado el mediodía, en el Banco Federal observan que no se puede abrir la puerta del tesoro. Los bancos usan un sistema de seguridad por el cual los viernes se cierra esa puerta y su apertura se programa recién para el lunes. Inexplicablemente ese sistema parecía haber sido activado antes de tiempo y el tesoro no podía abrirse. En el banco necesitaban guardar allí dinero de las cajas y otros valores, pero era imposible. Varios técnicos estuvieron trabajando un buen tiempo sin ningún resultado: el programa parecía bloqueado y no aceptaba cambios. Entonces se decidió llamar a la empresa que había instalado ese sistema para que enviara sus propios técnicos. Cuando llegaron, ya anochecía. En el banco se habían quedado el gerente y el tesorero. Además, había dos policías: uno en el interior del banco, junto al sector de cajas, y el otro afuera. Ambos vieron llegar a los dos técnicos en una camioneta de la empresa. Los tipos bajaron una carretilla con cajas y bolsos que tenían todo tipo de instrumental. A un policía que quiso saber qué traían le explicaron que probablemente debieran cambiar la cerradura triplecronométrica del tesoro y algunos

1 **imponerse uc** dominar – 1 **vincular** relacionar – 2 **tener uc entre manos** *coloq aquí:* estar trabajando en uc – 10 **prender** encender – 19 **los valores** *p ej* Wertpapiere – 24 **anochecer** hacerse de noche – 25 **un gerente** Geschäftsführer – 25 **un tesorero** Schatzmeister – 26 un **sector de cajas** Schaltersektor – 28 **una carretilla** Schubkarre – 29 **instrumental** *aquí:* Werkzeuge – 31 **una cerradura triplecronométrica** cerradura (Schloss) de alta seguridad –

paneles blindados y que traían todo lo necesario para hacerlo. Claro que el policía no entendía nada de eso, de modo que miró superficialmente el contenido de las cajas, confirmó que los dos tipos tenían credenciales en regla y los dejó pasar hacia el sector posterior del banco, donde se ubica el tesoro. Cuarenta minutos después, dijeron los policías, los técnicos salieron con su carga. Saludaron cordialmente y subieron a la camioneta. Pasó el tiempo y nadie más salió. Al policía que estaba en el interior del banco el asunto empezó a sonarle raro y a la media hora decidió ir a ver. Se encontró con que el gerente y el tesorero estaban atados y amordazados junto al tesoro que, como ya podrás imaginar, estaba vacío. Cinco millones de pesos y medio millón de dólares habían volado.

—Impresionante.

—Sí. Según contaron después, los técnicos habían logrado abrir la puerta blindada rápidamente, pero entonces vino la sorpresa: sacaron armas y les explicaron educadamente que se trataba de un asalto. Vaciaron las cajas de todos los instrumentos inservibles que habían llevado y las rellenaron con los billetes. Lo más lindo del caso es que los tipos les pasaron el dinero a los policías frente a las narices y hasta se dieron el lujo de saludarlos.

—¿Y qué dijeron en la empresa de seguridad?

—Por supuesto, la policía fue de inmediato, pero los empleados no habían vuelto. Aparecieron tres horas después, a cien kilómetros de la ciudad. Los verdaderos técnicos, claro: los habían secuestrado y después de pasearlos en una camioneta y con los ojos vendados durante un tiempo que se les hizo eterno los habían liberado en una zona rural. Caminaron una hora antes de poder llamar a la policía.

1 **los paneles blindados** *pl* cristal blindado (Panzerglas) – 4 **en regla** en orden – 7 **una carga** Ladung – 9 **sonar rara uc** parecer o resultar extraña uc – 11 **atado** gefesselt – 11 **amordazado** geknebelt – 13 **volar** *aquí: fig coloq* desaparecer – 17 **educadamente** con cortesía y amabilidad – 18 **vaciar** entleeren – 19 **inservible** inútil – 20 **lo más lindo** *aquí: fig coloq iron* lo peor – 21 **pasar uc frente a las narices de up** *fig coloq* hacer uc a la vista de up, estando presente up – 22 **darse el lujo** *fig coloq* permitirse uc extra o hacer uc extraordinaria – 27 **secuestrar a up** entführen – 28 **vendados** *pl aquí:* tapados –

—¿Y nunca atraparon a los ladrones?

—Nunca. Era claro que había participado alguien desde el interior del banco, de modo que los investigadores tuvieron a todo el personal bajo la lupa. Llegaron a concentrar sus sospechas sobre tres o cuatro, a quienes interrogaron una y otra vez, sin poder probar nada. Y entonces hace un mes apareció muerto Oscar Furci, uno de esos empleados, en circunstancias extrañas.

—¿Por qué extrañas?

—A primera vista parecía ser un asalto: el tipo se había resistido a que le robaran el auto y lo balearon, pero los detalles eran poco convincentes. El auto, por ejemplo, era un modelo viejo, poco interesante para los ladrones. Después, en su casa, la policía encontró doscientos mil pesos escondidos en el interior de una estufa en desuso. Pero aun si él era uno de los responsables del robo, la impresión que quedó es que no era el cerebro de la operación.

—¿Y cómo se vincula todo esto con el asesinato del fiscal? –preguntó Pepe.

—Puras hipótesis. El fiscal estaba investigando ese caso y muere cinco días después que el empleado. Eso es todo lo que los une. O sea, poco y nada.

Sí, sé que le estoy dando pocos datos sobre sus reacciones, que es lo que usted quiere saber. Pero, francamente, no había nada llamativo. El tipo hizo lo mismo con cada uno de los casos que le conté: tomó algunas notas, pidió fechas y direcciones. Cuando le pregunté para qué quería las direcciones, me dijo que pretendía visitar cada uno de esos lugares. Recién ahí

1 **atrapar** *aquí:* capturar por la policía – 3 **up del interior del banco**: un empleado del banco – 5 **interrogar a up** jmdn Verhören – 11 **resistirse a un robo** *aquí:* oponerse (Widerstand leisten), luchar contra los ladrones – 11 **balear** *Am coloq* herir o matar con un arma de fuego – 12 **convincente** *adj* creíble, posible de ser verdad – 15 **una estufa** aparato para calentar una habitación – 15 **en desuso** ≠ en uso – 17 **el cerebro de una operación** *fig coloq* up que piensa y planifica una acción – 25 **llamativo** *adj* que atrae la atención por algún motivo (auffällig) –

supe que hasta el momento, su principal actividad en Mar del Plata consistía en mirar. En eso había ocupado los dos días que llevábamos ahí. Observaba, esperando que algo sucediera en su interior, que por sus ojos entrara la luz del reconocimiento y con ella volviera su memoria perdida.

Algo de eso estaba pasando, me dijo. Había sentido una extraña zozobra, una agitación que le quitaba el aire al pasar frente a la iglesia y la casa blanca. Tenía que haber algo, insistió, algo que vinculara esa calle a su pasado.

Hacia allí fuimos apenas terminamos la cena. El tipo me quería mostrar el lugar, para que yo lo investigara al día siguiente. Me explicó que él no podía ir con su disfraz de cura haciendo preguntas por el barrio: el riesgo era grande. Pero yo sí.

Cuando llegamos al lugar noté que se había puesto tenso. Me señaló brevemente el frente de la iglesia y la casa, pero luego me tironeó del brazo para que siguiéramos caminando. Yo primero adjudiqué todo esto a la inquietud que le provocaba el recuerdo, pero había algo más que lo perturbaba. Avanzamos una cuadra en silencio y me pidió que le comprara cigarrillos en un kiosco. Era algo habitual: él creía que un cura comprando cigarrillos perdía dignidad y podía llamar la atención. Yo ya le había dicho que muchos curas fumaban, con dignidad o sin ella, pero igual accedí a su pedido. Mientras esperaba que me dieran el vuelto noté que el tipo echaba unas miradas hacia atrás, inquieto pero a la vez pretendiendo disimular. Francamente, no era bueno en el disimulo: todo esto era bastante evidente. Cuando avanzamos unos pasos más, me lo dijo:

4 **la luz del reconocimiento** *lit fig aquí:* la posibilidad de reconocer y recordar uc – 7 **la zozobra** ansiedad, intranquilidad – 7 **la agitación** estado de nervios o nerviosismo – 15 **tenso** ≠ relajado – 17 **tironear del brazo a up** tomar del brazo a up y tirarle con fuerza – 18 **adjudicar** *aquí:* creer y decir que uc es la causa de otra – 18 **la inquietud** Unruhe – 20 **una cuadra** *Am* distancia entre una esquina y la siguiente – 22 **la dignidad** Würde – 25 **el vuelto** *Am* dinero que sobra cuando se paga – 25 **echar una mirada** *coloq* mirar – 26 **inquieto** preocupado – 27 **disimular** hacer que las demás personas no se den cuenta de uc – 27 **el disimulo** → disimular –

—Hay alguien que nos sigue.

—¿Qué? –yo intenté darme vuelta, pero me lo impidió presionándome el brazo.

—Doblemos en la esquina –murmuró.

Al dar la vuelta, encontramos una parada de ómnibus y allí nos detuvimos. Pepe hizo que miraba la hora, mientras clavaba los ojos en la esquina. Al cabo de unos instantes, apareció un tipo con campera negra.

—Es ese –murmuró bajando la vista.

Me pareció que el tipo nos echaba una breve mirada y siguió de largo. Se detuvo antes de llegar a la otra esquina, frente a un puesto de diarios.

—Vamos a separarnos –me dijo Pepe–, no quiero ponerte en riesgo. Vos caminá hacia la avenida y tomá un taxi hasta el hotel. Yo voy a volver por otro lado. Intenté objetar, pero me hizo callar con un gesto nervioso. De modo que me limité a obedecer y lo dejé allí, junto a la parada.

Entiendo que usted quiere saber cómo era el tipo que nos seguía, pero lamentablemente no puedo aportar una descripción exacta. Lo vi apenas un momento y solo recuerdo que era un hombre alto, como usted más o menos, de pelo castaño oscuro, que vestía de negro. En verdad, yo ni siquiera estaba seguro de que nos seguía.

En ese momento, aún dudaba de Pepe, es cierto. Más que a las amenazas externas, temía a los fantasmas en su cabeza. Lo que me provocaba verdadero miedo era esa posibilidad: estar en manos de un loco disfrazado de cura que me arrastraba por la ciudad en busca de un pasado que solo existía en su mente. En eso pensaba aquella noche en mi habitación mientras esperaba a que sonara el teléfono. Al fin llamó.

5 **una parada** Haltestelle – 7 **al cabo de** luego de – 12 **un puesto** lugar pequeño donde se venden cosas, generalmente en la calle – 17 **obedecer** cumplir una orden o voluntad de up (quien manda) – 25 **un fantasma** Geist – 26 **estar en manos de up** *coloq* estar bajo el poder de up, depender de su voluntad – 27 **arrastrar** schleifen *aquí: fig coloq* seguir up la voluntad de otra –

—Lo perdí –me dijo–. ¿Vos llegaste bien?

—Sí. El tipo largó un suspiro angustiado.

—Esto se está poniendo peligroso, pibe. Vamos a tener que pensar más en nuestra seguridad.

—Bueno –le dije, simplemente para contestar algo–, pensemos mañana.

2 **un suspiro** Seufzer –

8

La mañana siguiente fue para mí una pérdida de tiempo. Di vueltas en torno a la iglesia y a la casa blanca, preguntando aquí y allá, sin saber exactamente qué buscaba. Para peor, creo que con tantas consultas levanté sospechas entre los vecinos. Cuando uno de ellos me preguntó en un tono decididamente hostil por qué estaba tan interesado en esa propiedad, decidí que ya era hora de irme y me dirigí hacia el café donde habíamos previsto encontrarnos para almorzar. Tuve que esperarlo casi media hora. Lo vi llegar con un aire agobiado, como si le costara dar cada paso, pero pensé que tal vez era la sotana, a la que no terminaba de acostumbrarse. Sin embargo, viéndolo ahora, creo que fue ese el momento en que el tipo empezó a cambiar y al mismo tiempo a tomar cierta distancia de mí. Quiero decir, cuanto más se introducía en su pasado, más se encerraba en sí mismo. Aquel día tardó en verme y aún cuando se sentó en la mesa seguía mostrándose extraño, como ausente.

—No obtuve mucho –le anticipé una vez que hicimos el pedido–. En la casa vive una familia de apellido Risco: padre, madre y tres hijos. No tienen ningún familiar perdido en los últimos meses. Se mudaron hace cuatro años: antes la ocupaban un tal Julio Hernández y su esposa. Pero tampoco sos vos: el tipo tiene más de sesenta años. Claro que podrías haber vivido allí hace mucho, tal vez de chico, pero aun si obtuviéramos los nombres de todos los ocupantes de esa casa en la historia, no creo que nos sirviera de mucho.

—No –dijo el tipo–, tenés razón.

1 **dar vueltas** *coloq* caminar alrededor de uc, de un lugar a otro – 4 **levantar sospecha** *coloq* generar desconfianza – 6 **hostil** agresivo – 6 **la propiedad** *aquí:* la casa – 9 **un aire** *aquí: fig coloq* aspecto – 10 **costar a up** resultar difícil de hacer – 15 **encerrarse en sí mismo** tener una actitud introspectiva y poco comunicativa – 17 **ausente** ≠ presente – 19 **un pedido** → pedir uc (Bestellung) – 25 **los ocupantes** *pl aquí:* personas que viven en una casa –

Había supuesto que mi escaso éxito en la misión iba a significar para él una gran decepción después de haber depositado tantas expectativas en esa casa. Creo que había llegado a imaginar, aunque nunca me lo dijo con todas las letras, que allí vivía su familia y que lo estaban esperando. Ahora, sin embargo, escuchó mi informe casi con indiferencia, apenas asintiendo con la cabeza.

—¿Y la mansión? –le pregunté.

Sabía que esa mañana él había ido hasta la casa de los López Estabillo, para ver si la escena del crimen le despertaba algún recuerdo.

—Tampoco –dijo–, fue como si la viera por primera vez. Se hizo un silencio mientras comíamos. Y entonces él lo dijo.

—Creo que estoy empezando a recuperar la memoria, pibe.

Veo que usted se muestra interesado, pero déjeme decirle algo: no era del todo cierto. Es decir, había percibido algunas imágenes vagas del pasado, pero todo era desesperantemente escaso. Yo en ese momento sentí que eran más reales sus deseos de recordar que el recuerdo mismo. Aun así, intenté reaccionar como pensé que él esperaba.

—¿De verdad? ¿Sabés quién sos?

—Todavía no. Pero está volviendo, lo sé. Lo sentí claramente hoy, cuando dejé la mansión. Pasé por una plaza y hubo algo que me atrajo hacia ella. No tenía nada especial: un césped mal cuidado, algunos jubilados que alimentaban a las palomas, los chicos. Entonces me senté en un banco, miré hacia un lado y al otro, y de pronto me invadió una sensación muy intensa: yo había estado allí. El olor de los jazmines, la música que venía de la calesita, el chirrido del subibaja cuando los chicos lo movían, todo era familiar.

2 **una decepción** Enttäuschung – 3 **depositar** *aquí* tener – 4 **decir uc con todas las letras** decir uc claramente y sin ocultar nada – 7 **asentir con la cabeza** mover la cabeza de arriba hacia abajo para mostrar acuerdo – 16 **cierto** verdad – 17 **desesperantemente** → desesperado – 24 **atraer** provocar interés y atracción – 24 **el césped** Rasen – 25 **una paloma** Taube – 29 **una calesita** *Arg* Karussell – 29 **un chirrido** ruido que producen dos metales cuando se tocan – 29 **el subibaja** *Arg* Wippe –

Cerré los ojos, me dejé arrastrar por esa sensación y me vi a mí mismo ahí, junto a la calesita, esperando que se detuviera. Entonces pensé que el vendedor iba a decir «Palito, bombón, helado». No habían pasado ni cinco minutos cuando lo dijo. Exactamente así: «Palito, bombón, helado». La misma entonación. Entendés, pibe, está volviendo.

—¿Y no estás contento? –le pregunté, porque su expresión era de un absoluto desasosiego.

—No sé. Tengo miedo. Cada persona que me miraba en la plaza me hacía sentir que me estaban reconociendo. Me imaginaba que todos pensaban qué hace este idiota al que conozco de toda la vida disfrazado de cura. Y no puedo permitir que me reconozcan. Sé que alguien me está buscando, pibe. Necesito encontrarme antes de que me encuentren ellos. Yo abrí el cuaderno que siempre llevo conmigo y anoté esa frase. *Necesito encontrarme antes de que me encuentren ellos.*

—Quiero recordarla cuando escriba el artículo –le dije. Sonrió. Me pareció que le aliviaba cambiar de tema.

—¿Ya sabés cómo va a ser? –me preguntó–. ¿Tenés algo escrito?

Me encogí de hombros. Yo venía esquivando el tema en los últimos días. Después de que él había descubierto la verdad sobre mi edad y mi falta de experiencia, no habíamos vuelto a hablar del asunto. De haber sido sincero, tendría que haber admitido que no tenía ni idea de cómo escribir un artículo periodístico.

—Todavía tengo que pensarlo –le dije.

Él percibió mi incomodidad y sonrió.

—No te preocupes –dijo–, te va a salir bien. No escribís nada mal –agregó señalando mi cuaderno–, estuve leyendo uno de tus cuentos.

Creo que enrojecí de golpe.

3 **"palito, bombón, helado"** lo que gritan los heladeros al vender sus productos en Arg – 8 **el desasosiego** intranquilidad y ansiedad – 21 **esquivar uc** ausweichen – 29 **salir bien (mal) uc** *coloq* tener uc un buen (mal) resultado – 32 **enrojecer** ponerse colorado (el rostro) – 32 **de golpe** de repente, de inmediato –

—¿Leíste mi cuaderno?

Sé que mi tono sonó indignado, pero el tipo no se inmutó.

—Sí. Lo leí ayer en el restaurante, cuando estuviste tanto tiempo en el baño. Tenés estilo, pibe, te va a ir bien.

De pronto mi indignación se desinfló. Fuera de mi madre, que considera a la literatura una pérdida de tiempo, yo nunca le había mostrado a nadie mis escritos.

—¿De verdad lo pensás? –pregunté tímidamente.

—Sí –dijo–, hay buenas ideas y un tono interesante. Te falta sentirte un poco más seguro.

Me doy cuenta por su cara: usted piensa que el tipo me estaba embaucando. Que me usó todo este tiempo como una marioneta para obtener lo que necesitaba y me halagaba para retenerme a su lado. Pero le aseguro que, al menos a esa altura, yo no tenía ningún motivo para huir. Mi inquietud estaba más relacionada con su cordura que con un supuesto pasado oscuro. Y no creo que me haya manipulado, aunque ahora, con todo lo que ha pasado, ya no sé qué pensar.

2 **inmutarse** alterarse (sich aufregen) – 5 **la indignación** → indignado – 5 **desinflar** sacar el aire de uc *aquí: fig coloq* reducir, bajar – 8 **tímidamente** con timidez (Scheu) – 12 **embaucar a up** *coloq* engañar – 13 **halagar a up** *aquí:* jmdm schmeicheln – 14 **retener a up** hacer que up permanezca en un lugar utilizando alguna estrategia – 15 **huir** escapar – 16 **la cordura** Vernunft –

9

Estábamos conversando en la puerta del restaurante cuando apareció una chica rubia de unos diecisiete o dieciocho años, que se quedó mirando fijo a Pepe. Él se hizo el desentendido, pero la chica se acercó y le habló:

—¿Qué hacés así vestido?

—No nos conocemos –contestó él–, me está confundiendo. La chica lo miró aún un rato, pero luego pidió disculpas y se fue. Supongo que verdaderamente el asunto no pasó de un error, aunque a Pepe lo alteró. Lo vi mal, como a punto de quebrarse, y hasta le sugerí que tomara algún tranquilizante y se quedara en el hotel, pero se negó.

Yo me fui de allí inquieto por él: me daba la impresión de que su salud mental estaba en riesgo. Aun así, no podía acompañarlo. Había hecho una cita con Norberto Estévez. Seguramente usted lo conoce, es el periodista del semanario *Hechos*, que investigó a fondo el robo al banco. Pepe me dijo que iba a recorrer algunos de los escenarios de los que habíamos hablado, con la idea de ver si eso disparaba algún recuerdo en su mente.

El encuentro con Estévez resultó para mí muy provechoso. El tipo conoce la historia al dedillo y había seguido reuniendo información para un informe especial que aún no había sido publicado. Me dio una pintura completa del caso, que me sirvió para armar un esquema y pensar si Pepe encajaba en alguna parte. Para empezar, me explicó que al menos siete personas habían intervenido en el asalto. Los dos que entraron al banco, tres que habían participado en el secuestro de los

3 **hacerse el desentendido** fingir no entender o no conocer uc – 7 **pedir disculpas** → disculparse – 9 **alterar uc a up** hacer que up pierda la tranquilidad y esté nerviosa – 10 **quebrarse** *fig* mostrarse débil, sin fuerza física o moral – 10 **sugerir uc** → proponer – 15 **un semanario** periódico que se publica o aparece cada semana – 16 **a fondo** entera y perfectamente – 18 **disparar** *aquí: fig coloq* uc que hace de estímulo para que aparezca un recuerdo – 21 **conocer uc al dedillo** *coloq* uc que se sabe muy bien, con detalle y perfecta seguridad – 23 **una pintura** *aquí: fig coloq* informe detallado – 24 **armar** *aquí:* elaborar, hacer – 24 **encajar** *aquí:* formar parte de, participar en – 26 **intervenir** *aquí:* participar –

verdaderos técnicos, uno o dos empleados del propio banco y por lo menos un tipo más que había hecho de apoyo externo. La camioneta de la empresa de seguridad fue encontrada esa misma noche, abandonada en una calle alejada. Sin duda habían traspasado su valioso contenido a otro auto que los esperaba, pero nunca aparecieron testigos que aportaran detalles de esa operación. Claro que esto usted lo sabe, no sé para qué se lo explico. ¿Quiere que siga? Si eso es lo que quiere, no tengo inconvenientes. Estévez me explicó que de entrada los investigadores tuvieron bajo sospecha a tres hombres del banco: el que había hecho el llamado pidiendo que mandaran a los técnicos y otros dos que estuvieron presentes en ese momento y conocían cómo se operaba el tesoro. Pero pese a la presión que ejercieron sobre ellos, ninguno llegó a contar nada que los comprometiera. Sin embargo, en esos días, la policía dio un paso adelante: lograron identificar a uno de los ladrones que había entrado al interior del banco, gracias a las descripciones del gerente y el tesorero y también a una imagen captada por una cámara de seguridad instalada cerca del tesoro antes de que la destruyeran. Era una imagen borrosa pero fue suficiente para constatar que se trataba de un tipo fichado en la policía: había sido detenido una vez por estafa. Su nombre trascendió y los diarios locales, hambrientos de alguna novedad sobre el robo, lo publicaron en grandes titulares.

Apenas un día después, el empleado del banco apareció muerto en la calle. Es cierto que se habló de un robo, pero pocos lo creyeron. La conclusión pareció obvia, me dijo Estévez: alguien consideró que el tipo había hablado y quiso silenciarlo. Y un mes más tarde, mataron al fiscal. ¿Se había acercado mucho a la verdad? No pudo contestarme a eso, pero

5 **traspasar** pasar, cambiar uc de un lugar a otro – 5 **valioso** → con valor – 7 **una operación** *aquí:*una acción – 10 **tener bajo sospecha a up** sospechar de up (generalmente la policía) – 14 **la presión** → presionar a up (auf jmdn Druck ausüben) – 15 **comprometer a up** *aquí:* relacionar con un hecho o delito – 16 **dar un paso adelante** *aquí:* avanzar, obtener un resultado importante – 20 **borroso** difuso – 22 **up fichada** *aquí: fig coloq* up que es conocida por la policía – 22 **una estafa** Betrug – 23 **trascender uc** hacerse conocida o pública uc – 23 **hambriento** *fig* con hambre de uc – 24 **un titular** *del periódico:* título de una noticia – 29 **silenciar a up** *aquí: fig coloq* asesinar a up –

lo que yo deduje aquel día es que había una banda en la calle dispuesta a liquidar a quien supiera algo del robo. Un cuadro de situación que podía resultar muy peligroso, pensé entonces. Supongo que usted coincide.

Era todavía temprano y no tenía ningún plan previsto cuando dejé a Estévez. Mientras caminaba me puse a pensar que todo este asunto se estaba volviendo demasiado turbio. Podrá imaginarse que soy una persona orgullosa y jamás aceptaría en público que, como había dicho Polini, la historia me quedaba grande. Pero no voy a negar que empezaba a sentirme incómodo, un poco molesto con el camino que iban tomando las cosas, cada vez más lejos del feliz encuentro familiar que yo imaginé en un primer momento y más cerca del policial sórdido.

Le cuento esto para que entienda cuál era mi estado de ánimo cuando, al detenerme en un semáforo, observé a un tipo que, estaba seguro, había visto antes, al entrar a lo de Estévez. No es que tuviera algo particularmente notable, pero al verlo la primera vez me había llamado la atención que llevara anteojos negros aunque el cielo estaba oscuro, ese tipo de cielo que anuncia una tormenta inminente. Intenté tranquilizarme a mí mismo: será casualidad, me dije, no tengo que contagiarme la paranoia de Pepe. Pero por las dudas me detuve en la parada de ómnibus, decidido a dejar que el tipo se alejara. En ese preciso instante llegó el colectivo y, sin pensarlo dos veces, me subí. No sabía adónde iba, pero me bastaba con escapar de allí rápidamente. Saqué el boleto y caminé hasta los asientos del fondo, junto a la puerta trasera. El miedo, el miedo de verdad, empezó para mí unos segundos después, cuando lo vi subir. El

1 **deducir uc** llegar a una conclusión por medio de un razonamiento – 2 **un cuadro de situación** *aquí: fig* un hecho o situación – 4 **coincidir con up** estar de acuerdo con up en uc – 7 **turbio** *aquí:* sospechoso, de legalidad dudosa – 8 **orgulloso** stolz – 14 **sórdido** *aquí:* tenebroso (düster), que provoca miedo – 15 **estado de ánimo** Gemütsverfassung – 21 **anunciar** *aquí:* pronosticar (etwas vorhersagen) – 21 **inminente** *adj* uc que está a punto de ocurrir – 22 **contagiarse** sich anstecken – 24 **alejarse** ≠ acercarse – 27 **sacar** *aquí:* comprar – 27 **un boleto** *Am* Fahrkarte – 28 **del fondo** de atrás (del autobús) – 28 **trasera** de atrás –

tipo se sacó los anteojos para obtener el boleto y entonces vi como, en un movimiento de cabeza rápido, casi imperceptible, miraba hacia atrás y registraba mi presencia. Para mí fue como si una garra invisible atenazara mi cuello: de pronto no podía respirar del puro miedo. Sé que todo esto para usted puede ser trivial, pero piense que yo hace apenas unos meses todavía estaba en la escuela y ni siquiera soñaba con jugar al detective o con involucrarme en un crimen. Menos aún con ser perseguido por algún mafioso. Ahora me sentía incapaz de reaccionar, mientras que una náusea intensa me iba subiendo desde el estómago. No habíamos recorrido ni doscientos metros cuando el colectivo se detuvo y, prácticamente, me arrojé por la puerta trasera. Le confieso que no fue un plan meditado: sencillamente sentí que estaba a punto de vomitar y preferí hacerlo en la calle. Pero resultó ser una excelente movida, porque el colectivo volvió a arrancar enseguida y el tipo no tuvo tiempo de hacer nada.

Doblé en la esquina y corrí una cuadra como un caballo desbocado, sin saber hacia dónde iba y con el cuerpo aún arqueado por la náusea. Entonces vi un taxi vacío y me abalancé sobre él.

—Al hotel Luxor –le dije, con la respiración entrecortada, sintiéndome como un mal actor en una mala serie policial.

Todo el viaje lo hice dado vuelta, con los ojos pegados al vidrio. Pero el tipo de los anteojos no volvió a aparecer.

Apenas llegué al hotel busqué a Pepe, pero no estaba. Tampoco contestó ninguno de los llamados que hice cada quince minutos a su habitación. Al fin comí solo un sándwich en la cafetería y estaba a punto de irme a dormir cuando alguien golpeó a mi puerta.

2 **imperceptible** que no se puede percibir o ver – 4 **una garra** Kralle – 4 **atenazar** *aquí:* impedir el movimiento – 8 **involucrarse** *aquí:* estar complicado en un delito – 10 **la náusea** Übelkeit – 13 **arrojarse** *aquí:* salir (bajar) violentamente (del autobús) – 14 **vomitar** sich übergeben – 16 **una movida** diversión *aquí:*estrategia – 16 **arrancar** *un auto:* ponerlo en marcha (losfahren) – 20 **arqueado** *adj* doblado (gebogen) – 21 **abalanzarse** lanzarse con rapidez sobre uc – 22 **entrecortado** con interrupciones – 24 **dado vuelta** *aquí:* mirando hacia atrás – 24 **pegado** *coloq* → junto a – 30 **golpear** *a la puerta:* anklopfen –

—Soy yo, pibe, abrime –dijo al otro lado y su voz me sonó extraña. Al abrir lo confirmé: el tipo era un fantasma de sí mismo. Tenía los ojos irritados y la piel brillante, surcada por una transpiración que se empeñaba en aparecer aunque él la limpiara una y otra vez con el pañuelo. Varias veces le pedí que se sentara, pero me ignoró: caminaba de un lado al otro de la habitación, como si su cuerpo fuera incapaz de adaptarse a la quietud de una silla.

Le conté sobre la persecución que había sufrido, pero me pareció que su nerviosismo le impedía concentrarse en mi relato. Entonces le pedí que me dijera de una vez qué le pasaba. En tal estado de zozobra, sus explicaciones fueron confusas, aunque logré entender lo básico. Esa tarde había pasado frente al banco y sintió claramente que había estado allí antes. Pero eso no era lo principal. Lo que lo había dejado convertido en un paquete de nervios era su visita a la casa del fiscal. Se acaba de detener frente a la puerta, me dijo, cuando todo empezó.

—¿Qué empezó?

—Las imágenes. Como rayos que me partían la cabeza. Un auto que frena. El arma larga que brilla y el sonido de ametralladora. Una ráfaga larga, eterna. Los vidrios rotos que se derrumban. Los gritos. Sobre todo los gritos. Entendés, pibe –me miró agarrándose la cabeza con furia, como si quisiera frenar esos recuerdos que lastimaban su cerebro–. ¿Entendés? Ese era mi sueño. Yo estuve ahí.

Yo entendí demasiado bien. Me apoyé contra la pared, porque sentí que se me aflojaban las piernas.

—Esperá –le dije, intentando mantener la compostura–. Recordás perfectamente la escena. O sea que estuviste ahí.

3 **los ojos irritados** *pl* rojos o enrojecidos – 3 **brillante** glänzend – 3 **surcado** *fig aquí:* con líneas – 4 **empeñarse** insistir en uc *aquí: fig* uc sucede sin que se pueda controlar – 5 **un pañuelo** Taschentuch – 8 **la quietud** → la calma – 9 **una persecución** → perseguir a up (Verfolgung) – 16 **un paquete de nervios** *fig coloq* up dominada por el nerviosismo – 19 **un rayo** Blitz – 19 **partir uc** cortar en partes uc – 21 **una ametralladora** Maschinengewehr oder Maschinenpistole – 22 **derrumbarse** caer al suelo con fuerza – 24 **lastimar** verletzen – 26 **apoyarse** sich gegen (an) die Wand lehnen – 27 **aflojarse** *aquí:* no tener fuerza – 28 **la compostura** Anstand –

Pero no adentro de la casa, porque sabemos que solo estaban el fiscal y su primo y ambos murieron. Estabas afuera. Del lado de las balas.

El tipo asintió. Yo me tomé unos segundos para pensar si hacía la siguiente pregunta, pero en verdad era inevitable. Ya no me lo podía callar.

—¿Sos el asesino?

El tipo se me acercó y me puso la mano en el hombro. Me pareció, le confieso, que su mano pesaba una tonelada.

—Yo siento que no, pibe –dijo con voz suave–, en mi interior siento que no maté a nadie. Pero no puedo asegurarlo.

Entonces tomó un bolso que había dejado sobre mi cama y caminó hacia la puerta. Antes de salir, se volvió hacia mí.

—Tal vez –dijo y pareció dudar, pero siguió adelante–, tal vez sea mejor que te alejes de mí.

5 **inevitable** imposible de evitar – 12 **dejar uc** *en un lugar:* poner uc en un lugar (etwas liegen lassen) –

10

Aquella noche me costó dormir. Di vueltas y más vueltas en la cama, intentando decidir qué hacer. Sabía que me había metido en una situación demasiado peligrosa y le aseguro a usted que yo no tengo aspiraciones de ser ningún James Bond. Mi instinto me indicaba una sola cosa: huir, lo antes posible. Pero por otro lado me costaba dejar solo al tipo y volverme a la tranquilidad de mi casa mientras él seguía buscando su pasado a ciegas, corriendo a cada momento el riesgo de que alguien lo reconociera y le volara la cabeza de un tiro. La idea me hacía sentir un traidor, un cretino de la peor calaña. Al fin, cuando las primeras luces del día ya iluminaban la habitación, tomé una decisión. A la mañana siguiente le iba a decir a Pepe que disponía solo de un día más para ayudarlo. Que me pidiera lo que necesitara en esas horas, pero que luego me volvería a Buenos Aires.

Con la decisión tomada pude dormirme. Me desperté tarde y atontado, con ese sabor desagradable que queda en la boca cuando uno pasa una mala noche. No había oído la alarma del reloj ni los llamados telefónicos de Pepe. Me vestí apresuradamente e iba a salir de la habitación cuando vi un papel que alguien había pasado por debajo de la puerta. Era una nota de él. Un papel arrancado de un cuaderno donde había escrito unas pocas líneas. Sí, si es que la guardé se la puedo dar, no hay inconveniente, aunque imagino que la debo haber tirado a la basura. En cualquier caso, era un mensaje trivial, sin importancia, que no le aportará gran cosa: solo decía que me había estado llamando y que iba a tomarse un

4 **una aspiración** objetivo o meta que up busca conseguir – 8 **a ciegas** *aquí:* sin saber por dónde buscar, sin pistas – 9 **volar la cabeza de un tiro** *fig coloq* matar con un disparo (Schuss) – 10 **un traidor** Verräter – 10 **la calaña** *fig coloq desp* calidad, naturaleza – 13 **disponer** → (tener) disponible – 17 **atontado** → tonto – 20 **apresuradamente** → con prisa (rápidamente) – 22 **arrancado** (arrancar) uc que se ha quitado o sacado con violencia del lugar donde estaba –

día para pensar con tranquilidad en lo sucedido. Nos veríamos a la noche.

Eso me obligó a cambiar mis planes. Evidentemente, no podía irme sin siquiera verlo. En cualquier caso, por alguna incierta razón ya me sentía más tranquilo.

Tal vez no era más que el efecto de haber dormido y espantado los peores fantasmas. De modo que decidí postergar todo un día y dedicarme a buscar algo más de información para mi nota. Primero pasé por la casa del fiscal, para observar de cerca la escena del crimen. Tal vez alguien me vio curioseando por ahí, no sé, lo cierto es que no hice más que echar una ojeada a la casa, que parecía vacía: no había autos en la puerta y todas las cortinas estaban cerradas. El vidrio roto en el tiroteo, observé, había sido repuesto en su lugar. Supuse que la familia se habría ido tras el asesinato.

De allí fui hasta el banco, con el objetivo de obtener un relato del robo en primera persona. No, no es que pretenda ser detective, le aseguro, simplemente necesitaba más elementos si es que alguna vez iba a escribir el dichoso artículo. En el banco, sin embargo, nadie quiso hablar conmigo. El gerente y el tesorero me mandaron decir que estaban ocupados. Otros dos empleados a quienes intenté abordar me aseguraron que eran nuevos en la sucursal y no sabían nada. Finalmente, un muchacho que atiende al público en la entrada se franqueó conmigo:

—Olvidate –me dijo–, no vas a encontrar quien te hable del robo. Aquí es un tema tabú: después de la muerte de Furci, todo el mundo entró en pánico. Nadie confía en nadie.

Decepcionado, decidí intentar con el fiscal Rogelio Fuentes, porque me habían dicho que quedó a cargo del caso tras el asesinato de Marcucci. Bueno, usted sabe de quién hablo.

5 **incierto** *aquí:* desconocido (unbekannt) – 7 **postergar** verschieben – 11 **curiosear** mirar con curiosidad (Neugier) uc – 12 **echar una ojeada** *coloq* mirar rápidamente uc sin mucha atención – 14 **un tiroteo** Schießerei – 14 **reponer uc** *aquí:* cambiar uc rota por otra igual en buen estado – 17 **un relato** Erzählung – 17 **en primera persona** *aquí:* personalmente – 19 **dichoso** *aquí: coloq* verdammt – 24 **franquearse** *coloq* hablar con sinceridad – 30 **a cargo de** bajo la responsabilidad de up –

Ya otros periodistas me habían advertido que era muy difícil obtener información de él, pero nunca pensé que su hermetismo llegaría a tal punto. Supongo que está al tanto de los resultados de ese encuentro. Me puse nervioso, sí, es que me sentí interrogado. No solo no me brindó ninguna información nueva sobre el caso, sino que me hizo infinitas preguntas sobre mi interés en él. Yo no quería hablar de Pepe, podrá imaginarlo, y supongo que por eso mis respuestas sonaron evasivas. Salí de allí de mal humor, descontento con mi actitud y decidí irme al hotel caminando. Me venía bien para poner en orden mis ideas y decidir mis próximos pasos. Había caminado unas cinco cuadras cuando otra vez me pareció que me seguían. Sentí pánico, se lo aseguro. Empecé a caminar cada vez con más velocidad mientras se me cruzaban las peores imágenes por la cabeza. Me imaginaba que me asesinaban y mi cuerpo baleado aparecía tirado en las afueras de la ciudad. La policía entonces llamaba a mi madre: «su hijo murió», le decían, «por asociarse a un criminal». Ella se desmayaba, caía redonda al piso y se golpeaba la cabeza contra la banqueta marrón que siempre está en casa en el medio del paso.

Sí, es todo una idiotez, pero supongo que no soy el único que imagina idioteces cuando está en peligro. A esa altura ya no me preocupaba por mantener la elegancia: corría con desesperación, esquivando a la gente que se cruzaba en mi camino. No, no sé quién me seguía. Después supe que a esa altura yo había llamado bastante la atención, por lo cual tanto podía ser alguien de la banda como un policía. Permítame decirle que, si era un policía, me habría encantado saberlo en ese momento. Yo estaba aterrorizado y seguro de que huía

1 **advertir uc** avisar a up uc – 3 **el hermetismo** Verschlossenheit – 3 **estar al tanto de uc** estar informado – 5 **brindar** dar – 6 **infinitas** *pl aquí:* muchas – 8 **evasivo** *adj* que intenta evitar una dificultad o un problema – 10 **venir bien uc** *coloq* uc es conveniente o adecuada para up – 14 **cruzar** *aquí: fig coloq* aparecer de pronto uc (en la mente o el pensamiento) – 16 **baleado** → balear – 18 **asociarse** *aquí: fig coloq* ser socio (Partner) de up en un delito – 18 **desmayarse** ohnmächtig werden – 18 **caer redondo al piso** *coloq* caer al suelo por un desmayo (Ohnmacht) – 19 **golpearse** sich anstoßen – 19 **una banqueta** Hocker – 20 **(estar) uc en el paso** *coloq* bloquear el paso – 21 **una idiotez** Dummheit – 29 **aterrorizado** con mucho miedo –

de un asesino. Entonces vi esa tienda de varios pisos, con escaleras mecánicas. Fue una suerte que estuviera llena. Entré por la parte de ropa de hombres, me escondí tras el perchero de impermeables, cuando no vi a nadie pasé a la zona de artículos del hogar, bajé un piso y finalmente salí a la juguetería. Todo eso corriendo. A esa altura me di cuenta de que había perdido al gordito. Porque el tipo que me seguía era un gordito que, le digo, no tenía ni un poco de agilidad. En la juguetería había una puerta de emergencia. La empujé y me encontré con una escalera que daba al estacionamiento. Corrí entre los autos y salí a la calle. Y seguí corriendo: dos cuadras sin parar.

Cuando vi que ya no me seguía nadie, tomé un taxi hacia el hotel. Y le digo que a esa altura estaba harto de ser perseguido y maldecía el momento en que me había metido en ese asunto. Llegué al hotel furioso, decidido a desahogar mi bronca en Pepe, que me parecía a mí, me había abandonado cuando las cosas se ponían feas. Golpeé insistentemente en la puerta de su habitación, pero nadie contestó. Entonces pregunté al recepcionista si lo habían visto.

—¿El padre Menéndez? Se fue temprano y no volvió aún –me explicó–. A propósito, ¿sabe usted si pudo finalmente comunicarse al Paraguay?

—¿A Paraguay?

—Sí, nos pidió ayuda para obtener el código telefónico de la ciudad que buscaba, pero luego tuvo dificultades para establecer la comunicación. No sé si al fin lo logró.

—Sí, creo que sí –mentí.

Esa información no hizo sino aumentar mi inquietud.

¿Por qué Paraguay? ¿Qué podía buscar allí Pepe? ¿Qué me estaba ocultando? No, lo siento, pero el hombre del hotel no me dijo cuál era la localidad en cuestión. Tal vez usted pueda

3 **un perchero** Kleiderständе – 4 **un impermeable** Regenmantel – 5 **una juguetería** Spielwarengeschäft – 7 **un gordito** *dim* de gordo – 9 **una puerta de emergencia** Notausgang – 9 **empujar** etw drucken – 10 **dar a un lugar** conducir a – 13 estar **harto** satt haben – 15 **desahogar** hacer que desaparezca una preocupación (Sorge) o pena (Leid) – 17 **ponerse feas las cosas** *coloq* cuando uc o situación se complica – 24 **un código telefónico** Vorwahl – 31 **una localidad** pueblo o ciudad –

preguntárselo a él, aunque creo que solo trabaja por la noche. Lo cierto es que las horas pasaban y Pepe no volvía. Se hicieron las diez, las once, las doce. Poco a poco, mi bronca empezó a diluirse y a convertirse en algo mucho peor: miedo. Algo tenía que haberle pasado, pensé. No era posible que no volviera ni me llamara. Tal vez lo habían secuestrado y a esa hora estaba encerrado en un sótano húmedo, a merced de los mafiosos. O peor aún, era posible que ya lo hubieran asesinado y su cuerpo flotara en el mar. De solo pensarlo me empezaron a sudar los pies. No me mire así, sé que lo normal es que la gente aterrorizada sienta el sudor frío en la espalda, pero a mí me sudan lo pies, qué voy a hacer.

La mujer, dice usted. ¿Cuál? Ah, esa, la pelirroja. Claro, a ustedes se los contaron en la recepción. Ya lo había olvidado. Sí, sucedió esa misma noche. Cuando estaba sentado en la confitería entró esa mujer. Tenía una foto en la mano y se la mostró a una de las empleadas del hotel. Ella pareció dudar, pero me señaló a mí. Entonces la mujer se me acercó y me exhibió la foto.

—La señorita me dijo que vos llegaste con un hombre –explicó–. ¿Es este?

Miré la foto con atención. Era Pepe, sí. Estaba diferente, con barba, más parecido a como lo conocí yo en Buenos Aires. Fingí que dudaba.

—No sé –le dije–. Es distinto al hombre que yo conozco. Pero tal vez sea él, en una foto vieja. ¿Por qué lo busca?

La mujer se mostró muy reservada.

—Es privado –me dijo–. Necesito encontrarlo. Alguien me dijo que creyó verlo entrar a este hotel ayer.

Entonces escribió una nota en una hoja, la dobló en cuatro y pidió un sobre en la recepción. Lo cerró y me lo entregó.

7 **un sótano** Keller – 7 **a merced de** *cult* bajo la voluntad o el poder de – 9 **flotar** schwimmen – 10 **sudar** schwitzen – 16 **una confitería** *aquí:* un tipo de salón de té – 18 **señalar a up** dirigir el dedo índice (Zeigefinger) hacia up – 19 **exhibir** mostrar uc – 27 **reservado** *adj* cerrado, discreto – 31 **un sobre** Briefumschlag –

—¿Se la podrías dar, por favor? Decile que es muy urgente que se comunique conmigo.

Afuera del sobre escribió una sola letra: M. ¿Abrirlo? No, cómo se le ocurre. Nunca abriría un sobre que no es para mí. Simplemente lo pasé por debajo de la puerta de su habitación. Pero la verdad es que no era algo que me preocupara en ese momento. Yo solo pensaba en qué hacer ante la desaparición de Pepe. No encontraba salida. Me imaginé entrando en la comisaría para denunciar que un hombre amnésico, cuyo nombre desconocía, estaba presuntamente secuestrado. También me imaginé la cara con que me miraría el policía que me tomara la denuncia. Hasta me imaginé su sorna.

—¿Cómo se llama el hombre desaparecido? –supuse que me preguntaría.

—No lo sé.

—¿Qué edad tiene?

—No lo sé.

—¿Cómo estaba vestido?

—Como un cura, pero no es un verdadero cura.

—¿Qué buscaba en esta ciudad?

—Sus recuerdos.

—¿Usted me está tomando el pelo?

Reconozca usted que mi situación no era fácil. Por eso no hice nada. Eso es lo que uno hace cuando no sabe qué hacer: nada. Me tiré en la cama, barajando desesperadamente las alternativas que tenía ante mí hasta que me quedé dormido. Soñé que Pepe aparecía y me decía que había recuperado la memoria y descubierto que después de todo él era el asesino. Pero yo ya sabía demasiado y entonces tenía que matarme. Por eso grité. Tal vez se lo hayan dicho en el hotel, porque el recepcionista llamó a mi habitación al oír mis gritos. No, no era nada: apenas una pesadilla. Todo este viaje, le confieso, se me

8 **una salida** *aquí: fig coloq* solución – 10 **presuntamente** supuestamente (angeblich) – 22 **tomar el pelo a up** sich über jmdn lustig machen – 25 **barajar** *aquí: fig coloq* considerar diferentes posibilidades – 25 **desesperadamente** → desesperado –

había convertido en una gran pesadilla. Pero lo bueno de las pesadillas es que tarde o temprano uno siempre se despierta.

Eso fue lo que me sucedió. Aquella noche logré dormir y cuando el teléfono me sobresaltó, pasadas las diez, un rayo de sol se colaba por la ventana, como un augurio de que lo peor había pasado. Y pensé que así era.

4 **sobresaltarse** asustarse o alterarse mucho y de repente – 4 **un rayo de sol** Sonnenstrahl – 5 **colarse** *aquí: fig* entrar – 5 **un augurio** señal o aviso de uc que va a ocurrir –

11

El del teléfono era Estévez, el periodista. Yo estaba bastante dormido, pero aun así noté en su voz un tono de triunfalismo.

—Te aviso que en este momento se está distribuyendo la revista donde cuento todo sobre el caso.

Está resuelto, pibe. Podés aprovechar para mandar una nota a tu diario. Es el tema del día.

—¿Qué es lo que está resuelto? – pregunté.

—No tengo tiempo para explicarte –me dijo soberbio–, pero yo en tu lugar me apuro en ir a comprarla: es posible que se agote.

Lo maldije para mis adentros, pero me vestí y salí en busca de la revista. Supongo que usted la vio, en la tapa dice algo así como «La hora de la verdad». Bastante poco original, si me preguntan a mí. Mientras tomaba el desayuno leí el artículo entero. Se podrá imaginar que me costó digerirlo. Al desayuno, digo, porque a medida que avanzaba en la lectura todo se me hacía más claro y más intolerable.

No, no sé quién fue la fuente de información de Estévez. Usted debería saberlo: tiene que ser alguien que está participando en la investigación. Lo primero que me sobresaltó fue el asunto del testigo en peligro. Así lo llamaba: decía que un hombre se había comunicado con el fiscal Marcucci antes de su muerte, dispuesto a contar todo sobre el robo al banco y entregar pruebas a cambio de protección. No se sabía si el tipo estaba involucrado o no en el asalto: solo que quería entrar en esos programas de testigos protegidos, donde a la gente le cambian el nombre, la cuidan y le dan un sitio apartado para vivir. Según Estévez el tipo temía por su vida y no quería que

2 **el triunfalismo** actitud exagerada de seguridad y superioridad – 3 **distribuir** verteilen – 5 **aprovechar uc** *o una oportunidad:* etw ausnutzen – 8 **soberbio** arrogante – 10 **agotarse uc** terminarse, consumirse totalmente – 11 **adentros** *pl* mundo interior de up, sus pensamientos y sentimientos (innerlich) – 15 **costar uc** *aquí: fig* resultar difícil uc – 15 **digerir** verdauen *aquí: fig coloq* aceptar una situación desagradable – 24 **una prueba** Beweis – 26 **un testigo protegido** un testigo que está bajo la protección de la policía –

lo vieran en un lugar público, de modo que el fiscal lo invitó a pasar por su casa en la noche para hablar. Solo que su primo cayó de visita sorpresivamente. Y al parecer los asesinos lo confundieron con el testigo y liquidaron a los dos.

Cuando leí esa parte se me atragantó la medialuna que estaba comiendo. Se da cuenta, era Pepe. No había duda, Pepe tenía que ser el testigo: había ido a la cita con el fiscal, pero al llegar a la casa presenció el crimen. Tuvo que saber que iba dirigido a él. Entonces, pienso yo, habrá decidido escapar hacia Buenos Aires. Y después vinieron el accidente y la amnesia. Por eso no recordaba nada y andaba caminando por la calle como un idiota, cuando una banda de asesinos lo buscaba para matarlo.

Pero lo peor para mí vino después. Al final de la nota el periodista daba cuenta de un rumor alarmante: le habían dicho que, tras una larga desaparición, el testigo había sido visto nuevamente caminando por la ciudad. Y con un amigo –o cómplice, decía– que andaba haciendo averiguaciones. Por eso se temía que hubiera un nuevo baño de sangre. Esas eran las palabras: baño de sangre.

A mí me empezaron a sudar los pies. Claro, el cómplice venía a ser yo: el imbécil que no tiene nada mejor que hacer que acompañar a un testigo al que todos quieren muerto. En ese momento me sentí como un cadáver andante, entiende, como una persona con las horas contadas. Entonces me levanté, fui hasta mi habitación y me encerré con llave, decidido a no salir hasta el momento de tomar el ómnibus hacia Buenos Aires. Empecé a preparar mi bolso a toda velocidad. Pero sonó el teléfono. Y era la última persona con la que hubiera querido hablar en el mundo: Polini.

3 **caer de visita** *coloq* visitar a up de manera imprevista, sin tener una cita – 5 **atragantarse** no poder tragar (hinunterschlucken) uc – 5 **una medialuna** Croissant – 15 **un rumor** comentario o noticia que no se sabe si es verdad – 18 **una averiguación** investigación; → averiguar uc – 19 **un baño de sangre** Blutbad – 24 **un cadáver** Leiche – 25 **las horas contadas** *pl fig coloq* con el tiempo limitado *aquí:* up que va a morir –

A decir verdad, yo me había olvidado de que Polini existía. Pero él no se había olvidado de mí: me insultó durante un buen rato porque no había llamado para darle cuenta de mis avances con la nota.

Después dijo, como al pasar:

—Acabo de oír en la radio el asunto ese del testigo en peligro y el fiscal muerto. ¿No tendrá algo que ver con el tipo amnésico, no?

Tuve que decírselo, por supuesto. Empezó a gritar otra vez: qué clase de idiota era yo, decía, que no me daba cuenta de que tenía entre manos una nota espectacular.

—¿Espectacular? –tartamudeé.

—¡Por supuesto! Viviste varios días con un tipo que sabe hasta los últimos detalles del robo más importante del año y corre el riesgo de que lo liquiden en cualquier momento, pero no se da cuenta porque olvidó todo. ¡Increíble! Ya mismo te ponés a escribir: al menos doscientas líneas.

Corté y me quedé mirando el teléfono estupefacto. No solo no podía volverme a Buenos Aires, sino que tenía que escribir a toda velocidad una nota y no sabía cómo hacerlo. Un infierno.

Estaba en un apuro, por supuesto. Fíjese el tiempo que llevo contándole esta historia: bueno, tenía que resumirla de alguna manera clara e interesante. Y con gancho, como decía Polini. Gancho es una palabra que él usa todo el tiempo: quiere decir atractiva o algo así. En fin, que estaba dándole vueltas al asunto cuando volvió a sonar el teléfono. Y esta vez era él. Sí, Pepe.

¿A qué hora? No sé, serían las doce o tal vez la una. Se oía bastante mal y me costó entenderle.

—Soy yo, pibe –dijo–, estoy lejos.

—¿Dónde? –pregunté.

—Crucé la frontera –me contestó.

2 **insultar a up** → decir insultos – 3 **dar cuenta a up de uc** *aquí: coloq* informar a up, generalmente al jefe sobre uc – 12 **tartamudear** stammeln – 17 **ponerse a** *(+ inf): coloq* comenzar a hacer uc – 18 **estupefacto** sprachlos – 21 **estar en un apuro** *coloq* estar en una situación difícil, urgente o problemática – 23 **un gancho** Haken – 25 **darle vueltas a uc** *aquí: coloq* pensar mucho uc considerarla desde diferentes perspectivas –

No, no sé qué frontera. Era evidente que no me lo quería decir, me entiende, y no insistí. Me preguntó cómo estaba y si me habían dado el sobre. Recién ahí me enteré de que por la noche, cuando yo dormía, Pepe había estado en el hotel y había retirado todas sus pertenencias. Y me había dejado en la recepción un sobre con dinero, para que yo pudiera pagar la estadía y comprar el pasaje de regreso a Buenos Aires. Porque eso era lo que el tipo quería: que me volviera cuanto antes.

—La situación es peligrosa –me dijo, como si yo no me hubiera dado cuenta solo.

—¿Leíste la revista? –pregunté.

—Sí –fue todo lo que contestó.

—¿Es todo cierto, entonces?

El tipo hizo un silencio largo.

—Todavía no sé –dijo al fin–. Estoy recuperando la memoria, pero únicamente sobre el pasado más lejano: mi casa, la adolescencia. Lo que sucedió en los días previos al accidente aún es oscuro para mí. Y por lo que estuve escuchando, pibe, tal vez sea mejor así.

Y no hubo mucho más. Le comenté que me tendría que quedar al menos otro día por la nota. El tipo insistió mucho en que me cuidara, porque las cosas estaban demasiado calientes.

—Yo ya estoy a salvo –fue lo último que dijo–, ahora tenés que salir vos de ahí.

Eso es todo, sí. ¿Contactos? No, no quedamos en vernos. Y yo tampoco lo desearía, le aseguro, prefiero olvidarme de él. A esta altura mi único interés es volver a casa sano y salvo. Solo dijo que si podía iba a enviarme un mail, contándome todo. A mi dirección electrónica, claro. ¿Que se la dé? ¿Para qué? Ah, por si hay novedades. Está bien, se la doy. ¿Toma nota?

5 **retirar uc** tomar, recoger (etwas abholen), llevarse uc – 5 **las pertenencias** *pl* todas las cosas que pertenecen a up – 17 **la adolescencia** → adolescente – 18 **oscuro** *aquí: fig* desconocido, confuso – 23 **caliente** *aquí: fig coloq* peligroso – 24 **estar a salvo** *coloq* en seguridad, fuera de peligro – 28 **sano y salvo** *coloq* en buen estado de salud sin sufrir ningún daño –

12

Ya no me queda casi nada más que contarle. ¿Ayer? Pasé todo el día entre las cuatro paredes de mi habitación. Hasta comí allí un sándwich que me trajeron desde el bar del hotel. Estaba aterrado, por supuesto, pero además tenía que escribir la maldita nota y no me resultó nada fácil. Di vueltas y vueltas todo el día: no sabía cómo empezar. Al fin y al cabo, sin embargo, salió bastante bien, no sé si usted piensa lo mismo. Sé que no es muy elegante que yo lo diga, pero qué quiere, es mi primera nota y estoy orgulloso. Creo que el comienzo está bastante logrado. Eso de «No sabe su nombre. No recuerda cuál es su profesión ni dónde vivió en los últimos años. Solo sabe que lo persiguen porque fue testigo de un crimen». Hasta Polini me felicitó. Primero me insultó toda la tarde porque me demoraba en mandarla, pero una vez que la recibió dijo que estaba muy bien para ser de un novato. Creo que es más fuerte que él: no puede simplemente permitirse un halago, siempre necesita agregar algo como eso, «para un novato». Pero aun así se notaba que le gustó.

La que no paró de gritar, en cambio, fue mi madre. Imagínese cuando hoy abrió el diario y leyó que me la pasé toda la semana con un tipo al que unos matones buscan para liquidar. Quería mandar el Ejército a buscarme. Y estimo que aún es probable que lo haga si no vuelvo en las próximas horas. Pero no es esto lo que a usted le interesa, claro.

No, no sé nada del asalto ni de los cómplices, ¿cómo podría yo saber algo? Usted lo dice por el párrafo ese que incluí. Le digo la verdad: lo tomé casi textualmente de la nota de Estévez. Me pareció que tenía que aclarar algo sobre ese tema a los

4 **aterrado** *adj* sentir mucho miedo o terror – 6 **al fin y al cabo** después de todo, finalmente – 8 **elegante** *aquí: fig* modesto (bescheiden) – 10 **logrado** *adj* bien hecho, que tiene buen aspecto – 15 **un novato** principiante (Anfänger) – 16 **un halago** Lob – 21 **un matón** *coloq* hombre que usa la violencia o la amenaza (Bedrohung) para obligar a up a hacer uc – 22 **estimar** considerar, opinar –

lectores, aunque yo no lo hubiera investigado. Mire, acá está lo que usé, se lo leo: «Los investigadores ya están seguros de la identidad de dos de los autores del asalto, quienes también podrían estar involucrados en la muerte de Furci. Uno de ellos es Juan, *La Bestia*, Galíndez, un hombre cuyo físico hace honor al apodo y que estuvo tres años preso por robo. El otro no podría ser más diferente: Martín Suárez, alias *El Caballero*, es alto, rubio y elegante. Bien podría pasar por un ejecutivo o profesional». Y sobre Pepe dice así: «Se cree que el arrepentido no era miembro de la banda, sino un técnico, una suerte de genio de la informática que buscó Furci para enseñarles cómo trabar el mecanismo del tesoro. Tras la muerte del bancario, este hombre habría entrado en pánico y fue entonces cuando se comunicó con el fiscal y acordó una cita. Pero alguna persona en quien el fiscal confió le trasmitió ese dato a la banda».

Ya ve, yo no escribí nada que no hubiera dicho Estévez antes sobre este asunto. ¿De dónde podía sacar yo información? Ya se lo dije y se lo repito: Pepe nunca me habló de ellos. A ver si nos entendemos: el tipo no se acuerda de nada. O al menos no lo hacía mientras estaba conmigo y tengo la impresión de que tampoco ahora recuperó del todo la memoria. Pero le digo algo más: estoy convencido de que no quiere recordar ese episodio, que prefiere mantenerse en blanco.

No es simplemente una opinión mía, hay datos que así lo indican. Mire, la última noche en que lo vi, cuando había empezado a rememorar las escenas del crimen que presenció en la puerta de la casa del fiscal, lo noté distinto. No era solo el miedo. Esas imágenes le habían provocado un profundo rechazo.

1 **un lector** Leser – 6 **hacer honor a uc** *aquí:* ser o comportarse (sich verhalten) según lo que se dice o expresa – 8 **pasar por un uc/up** *coloq* parecer – 8 **un ejecutivo** Manager – 9 **el arrepentido** up que se arrepiente de uc que ha hecho mal – 12 **trabar** bloquear, hacer que no sea posible o dificultar el funcionamiento de uc – 12 **un bancario** empleado de un banco – 24 **mantenerse** permanecer – 24 **en blanco** *aquí:* sin recordar o sin pensar nada – 27 **rememorar** recordar, traer a la memoria –

«Tanto buscar mis recuerdos», dijo entonces, «y ahora siento que hubiera preferido seguir en la oscuridad». Yo, un poco ingenuamente, le sugerí que fuera a la justicia y contara todo, para obtener protección. Pero se negó sin dudarlo:

—No puedo confiar en nadie, pibe –dijo–, tengo que andar solo.

Y si quiere saber lo que yo pienso, Pepe no vuelve más. Ayer en el llamado lo sugirió:

—Yo ya estoy a salvo –dijo– y bien lejos. No tengo intención de volver a ponerme en riesgo. Ahora, salvate vos.

Eso es lo que tengo intención de hacer. Porque le soy sincero, a mí no me interesa hurgar más en esta historia. Como comienzo de mi carrera periodística ya estuvo bien, ahora quiero volver a casa. Fue interesante, pero no me avergüenza confesar que tuve miedo y preferiría por ahora dedicarme a temas menos peligrosos. Ayer volví a hablar con Estévez, que ya se había enterado de mi participación en el asunto. Hizo unos llamados entre sus contactos y me dijo que mis movimientos con Pepe por la ciudad habían alertado a medio mundo. Por eso sé que quienes nos estuvieron siguiendo pudieron ser tanto policías como gente de la banda. Y le repito que no veo el momento de irme.

Tal como le dije, tengo el bolso preparado en mi habitación y una madre aguardando desesperada. Mire cómo estará que se pasó una hora en el teléfono intentando convencerme otra vez de que estudie Medicina y me olvide para siempre del periodismo. Así que, en casa, las cosas no van a ser fáciles para mí, sobre todo si me sigo demorando.

Precisamente estaba yendo a la recepción a pagar la cuenta para irme cuando me interceptó en el pasillo su ayudante, ese

3 **ingenuamente** de manera → ingenua – 10 **ponerse up en riesgo** hacer uc peligrosa – 12 **hurgar** intentar obtener información sobre uc – 14 **avergonzarse** sich schämen – 18 **los movimientos** *pl aquí:*actividades – 19 **alertar** llamar la atención, despertar interés de otras personas (alarmieren) – 19 **a medio mundo** *fig coloq* a muchas personas – 20 **seguir a up** perseguir (jmdn verfolgen) – 24 **aguardar** esperar – 29 **precisamente** justamente (genau) – 30 **interceptar a up** detener a up en su camino – 30 **un ayudante** asistente –

rubio alto. Le digo la verdad, me dio un buen susto. Porque aunque me dijo enseguida que quería hablar conmigo el comisario Domínguez, no sé, me pareció extraño que quisieran entrevistarme aquí en el hotel. Pero sí, en cuanto lo vi a usted que estaba con sus credenciales, me tranquilicé.

Y creo que ya le conté todo lo que sé.

¿Tiene más preguntas? No, nunca oí hablar de ninguna prueba en este caso. No sé a qué podrá referirse, pero imagínese que el tipo ni siquiera sabe su nombre completo, mucho menos va a saber de pruebas. Tampoco mencionó nada de dinero. Todo lo que yo sé es lo que contó Estévez: que el ajuste de cuentas de Furci habría tenido relación con la falta de una parte del botín. Pero insisto, él nunca habló de ese asunto. Solo mencionó que la plata que tenía, la que había aparecido en sus medias tras el accidente, no iba a durarle mucho más y que pronto tendría que buscarse algún trabajo.

Ahora sí, creo que no queda nada por contar. No, no le estoy ocultando nada, no sé a qué se refiere. Claro que dije que ayer estuve todo el día aquí y es cierto. Yo no llamaría salidas a eso: apenas fui dos veces unos minutos hasta el local de Internet que está a una cuadra. ¿Acaso me estuvieron vigilando? Dos veces, sí. La primera fue para buscar un mensaje de correo electrónico y la segunda para enviar la nota al diario. ¿El mensaje? Bueno, es algo personal, era de una chica… una amiga. Pero no tiene nada que ver con esto.

Mire, se me está haciendo tarde. Si no tiene nada más que preguntarme, ¿me puedo ir?

1 **buen** *aquí:* fuerte – 8 **referirse a uc** sich beziehen auf etw – 12 **un ajuste de cuentas** *fig coloq daño* (Schaden) que se hace a up por otro daño u ofensa recibidos (Abrechnung) – 13 **un botín** Diebesbeute – 19 **las salidas** *pl* → salir (ausgehen) – 21 **vigilar** jmdn bewachen –

Parte II

La despedida

13

Cuando volví al lobby del hotel con el bolso listo, los tipos ya no estaban. Le dije a la recepcionista que me cerrara la cuenta porque me iba. Noté que me miraba con cierto recelo, sin decidirse a hablar.

—¿Hubo algún problema con el Padre Menéndez? –preguntó al fin–. Esos hombres estuvieron haciendo muchas preguntas sobre él.

Intenté mostrarme sereno y aplomado, como si todo lo que había sucedido no tuviera para mí la más mínima importancia.

—Lo confunden con otro –le expliqué sonriendo–.

Se ve que es parecido a alguna persona metida en algo turbio. Pero ya está todo aclarado. Mire usted si el Padre iba a tener problemas con la justicia, si es un santo.

—Claro –asintió mientras me daba el vuelto–, y tan amable. ¿Cómo lo conociste?

—Hice con él mi primera comunión –dije y puse mi mejor cara de chico bueno. Creo que le encantó porque me miró con algo parecido a la ternura. Pagué con el dinero que me había dejado Pepe y pedí un taxi. Mientras lo esperaba en la puerta del hotel miré hacia todos lados. No había nadie a la vista que pareciera estar vigilándome. Pero la conversación con el policía me había dejado más temeroso que nunca y aún dentro del taxi mantuve los ojos obsesivamente fijos en la luneta trasera para ver si alguien me seguía.

—¿Hay problemas? –preguntó el taxista mirándome por el espejo retrovisor.

2 **cerrar** *aquí:* hacer, preparar – 3 **el recelo** sospecha, temor y falta de confianza hacia up – 8 **sereno** tranquilo – 14 **ser un santo** (heilig) *coloq* ser up muy buena – 19 **ternura** Zärtlichkeit – 20 **dejar uc** *aquí:* etwas hinterlassen – 21 **a la vista** *aquí:* presente, visible – 23 **dejar a up temerosa** *aquí:* uc provoca o causa miedo a up – 24 **obsesivamente** *aquí: fig* mirar fijo uc, como poseído por uc (bessesen) – 24 **la luneta trasera** cristal trasero (de atrás) de un automóvil – 27 **el espejo retrovisor** espejo que llevan los automóviles para mirar hacia atrás –

—No –intenté sonreír–, solo que me desencontré con un amigo y estoy esperando que aparezca de un momento a otro.

—Ah, bueno –dijo en un tono que dejaba en evidencia que no me creía una palabra. Mientras avanzábamos por una calle congestionada volví a meterme la mano en el bolsillo para constatar que la llave seguía ahí. La sentí húmeda, aunque seguramente eran mis dedos los que chorreaban nerviosismo.

—Es aquí –dijo el taxista.

Miré el frente de la dirección que le había indicado. «Gimnasio Atletas», decía el cartel.

—No voy a tardar más de cinco minutos –aseguré–, por favor espéreme.

Creo que cuando bajé me temblaban las piernas. En ese breve recorrido me maldije mil veces por haber aceptado ese encargo. Me había puesto ropa deportiva para encajar mejor en el rol: sabía que tenía que entrar como si fuera un viejo cliente y dirigirme a los vestuarios sin que me detuvieran. Pero ahora, mientras cruzaba el umbral, pensé que en un club tan chico seguro que todos se conocían y no tardarían en frenarme.

Sin embargo tuve suerte. Cuando entré tres personas conversaban animadamente en la recepción y nadie pareció reparar en mí. Murmuré un «buenas tardes» en voz baja y avancé rápido por un pasillo en busca de la puerta del vestuario de hombres. Otra vez tuve suerte: justo salió un tipo con una toalla al cuello y aproveché para entrar.

En el vestuario no había nadie. Lo recorrí con la vista y localicé los armarios numerados. Solo que los números se habían borrado. Empecé a contar por la izquierda y cuando llegué a trece me apuré a meter la llave en el candado. Pero

1 **desencontrarse con up** *coloq* no poder encontrarse con up por algún motivo – 3 **dejar en evidencia uc** *aquí:* mostrar – 5 **una calle congestionada** Stau – 7 **chorrear nerviosismo** *aquí: fig coloq* transpirar por estar nervioso – 13 **temblar** zittern – 15 **un encargo** Auftrag – 17 **el vestuario** Umkleidekabine – 17 **detener a up** anhalten – 18 **un umbral** Türschwelle – 19 **frenar** bremsen *aquí: fig coloq* parar a up – 21 **animadamente** lebhaft – 22 **reparar en up o uc** fijarse en, prestar atención a up – 25 **una toalla** Handtuch – 26 **recorrer uc con la vista** mirar detenidamente cada detalle de uc – 28 **borrarse uc** desaparecer uc (sich verwischen) – 29 **un candado** Vorhängeschloss –

no correspondía: o el candado era muy chico o la llave muy grande. Los pies me empezaron a transpirar y una idea horrible me golpeó con la contundencia de una cachetada: alguien lo había cambiado. Alguien que sabía, alguien que esperaba mi llegada. Sentí que un ataque de pánico se estaba apoderando de mí, todo había fracasado. Miré una vez más hacia los armarios, ya completamente bañado en transpiración, y volví a contar.

Era el tipo más imbécil del planeta: en el apuro me había equivocado. Era el armario de al lado. Maldije en voz alta e introduje la llave otra vez. Todo esto ya me estaba llevando demasiado tiempo. Cuando finalmente la llave estaba girando oí una voz a mi espalda:

—¿Y vos quién sos?

Me di vuelta. Había una especie de gigante vestido con una ropa deportiva ajustada que destacaba hasta un extremo absurdo sus descomunales músculos. Era uno de esos schwarzeneggers a los que les alcanza con apoyarte una mano encima para convertirte en puré de persona.

—¿Yo? –respondí estúpidamente–. Vengo a buscar algo acá.

—Pero no sos socio.

—No –admití–, pero mi tío sí.

Mientras lo decía recordé que ni siquiera sabía el apellido de Pepe.

—Tuvo un accidente –agregué–, por eso hace tiempo que no viene. Me pidió que le buscara unas cosas que dejó.

—¿Sos sobrino de Mario?

—Sí –sonreí, ahora más calmado–. Mario no puede venir y me dio la llave del armario para que retirara sus cosas.

3 **golpear uc a up** schlagen *aquí: fig coloq* conmover a up (erschüttern) – 3 **la contundencia** la fuerza o energía – 3 **una cachetada** Ohrfeige – 5 **apoderarse** *aquí: fig* dominar la voluntad o el ánimo (Gemüt) de up – 6 **fracasar** versagen – 7 **bañado** *aquí: coloq* completamente mojado (nass) – 16 **ajustado** estrecho – 16 **destacar uc** notar, hacer más visible o perceptible (merkbar) uc – 17 **descomunal** *adj* que es muy grande, enorme – 18 **un schwarzenegger** *fig coloq* up con físico parecido al actor austríaco – 18 **apoyar uc** *aquí:* colocar, poner uc – 19 **convertir en puré a up** *aquí: fig coloq* golpear y destruir físicamente a up – 21 **un socio** *de un club:* Mitglied – 29 **retirar uc** etwas abholen –

El tipo pareció dudar.

—Bueno –dijo al fin–, si te dio la llave...

Se quedó parado a mi espalda mientras abría el candado. En el armario solo había un portafolio negro. Lo saqué y me quedé mirándolo.

—¿Eso dejó? –el gigante parecía confuso–. A ver, vamos a confirmar que sea de él.

Me sacó el portafolios de las manos sin darme tiempo a responder. Cuando vi sus manotas intentando abrirlo, pensé que estaba perdido. Aunque no sabía realmente qué había adentro, estaba seguro que era algo capaz de ponerme en un aprieto. Pero no pudo abrirlo: estaba cerrado con llave, una de esas minúsculas cerraduras que pueden romperse apenas con un tirón.

—¿También tenés esta llave? –preguntó.

—No, y estoy seguro de que a Mario no le gustaría que lo abriéramos. Hasta podría hacer un juicio por violación de su intimidad.

No sé cómo se me ocurrió decir eso, pero surtió efecto. El tipo puso cara de preocupación.

—¿Es abogado? –preguntó frunciendo el ceño–. Yo pensé que era...

—¿Qué?

El gigante hizo un gesto vago en el aire.

—No sé, algo de las computadoras. Bueno –dijo al fin, volviendo a recuperar seguridad–, está bien, llevalo. Pero decile que me llame, me quedó debiendo una cuota.

—No se preocupe –contesté mientras me apoderaba del maletín–, apenas ande mejor seguro que viene y le paga.

Salí de allí a toda velocidad, antes de darle tiempo a cambiar de opinión, y me metí al taxi sofocado.

4 **un portafolio** Aktentasche – 9 **unas manotas** *pl aum* de manos – 12 **poner en un aprieto a up** poner a up en una situación comprometida – 14 **un tirón** tirar con fuerza y de manera bruscade uc – 17 **un juicio** Prozess – 17 **violación de la intimidad** delito contra la propiedad privada – 27 **quedar debiendo** schulden – 27 **una cuota** *de socio de un club:* Mitgliedbeitrag – 29 **un maletín** Aktentasche – 29 **andar mejor** *aquí:* mejorarse (sich erholen) – 31 **sofocado** con dificultad para respirar, sensación de ahogo (Atemnot) –

—A la terminal de ómnibus –le dije al taxista.

Vi que me miraba raro por el espejo y recién ahí me di cuenta que traía el portafolios abrazado a mí como si fuera un bebé rescatado de un incendio. Pero a juzgar por el color de mi cara, el que estaba en llamas era yo.

Antes de bajar del taxi busqué en el bolso el pasaje que había comprado y me cercioré de que faltaba más de una hora para la salida. Caminé por la terminal vacilante, mirando a un lado y a otro. Estaba lleno de gente y de pronto todos me parecieron sospechosos, como si estuvieran montando una escena solo para atraparme. Los veía mirarme con una indiferencia estudiada, y se me ocurrió pensar que cada uno de ellos tenía la misión de controlar algunos de mis pasos: luego trasmitirían la información por un micrófono oculto en sus ropas a otro más lejos, por ejemplo a ese tipo que fingía vender diarios, pero ahora me miraba suspicaz, bajaba levemente el mentón y seguramente le avisaba algo a aquella señora más allá, que pretendía estar ocupándose del bebé en el cochecito, aunque en verdad no debía ser un bebé sino un muñeco puesto allí para despistarme. Me dije a mí mismo que me estaba volviendo totalmente loco y decidí entrar en la confitería. Busqué una mesa enfrentada a la puerta, desde donde podía controlar el movimiento de quienes entraban y me arrojé sobre una silla de plástico. Pedí un jugo de naranja con mucho hielo para tratar de enfriar mi interior en plena erupción. Mientras lo tomaba volví a examinar el maletín. Con dificultad logré introducir parte de mi mano bajo la tira de cuero que lo

4 **rescatado** gerettet – 4 **un incendio** Brand – 4 **a juzgar por** considerando – 5 **estar en llamas** *aquí: fig* estar en una situación peligrosa, difícil – 6 **un pasaje** Fahrkarte – 7 **cerciorarse de uc** comprobar, asegurarse de la verdad de uc – 8 **vacilante** dudoso, inseguro – 10 **montar** *una escena:* preparar una situación – 16 **suspicaz** *adj* con desconfianza (misstraurisch) – 16 **el mentón** Kinn – 18 **pretender** *aquí:* simular – 18 **un cochecito** Kinderwagen – 19 **un muñeco** Puppe – 20 **despistar a up** desorientar a up – 22 **enfrentado** frente a (gegenüber) – 25 **enfriar** ≠ calentar (heißen) – 25 **en pleno** entero, completo – 25 **una erupción** Volkanausbruch *aquí: fig* sentir up un calor muy fuerte y de repente por estar en peligro o nervioso – 27 **una tira de cuero** Band aus Leder –

cerraba y llegué a tocar algo con la punta de los dedos. Parecía ser papel. Intenté atraparlo y tirar, pero era imposible: apenas lo rozaba. Pensé qué sucedería si en ese momento entraba la policía y se apoderaban del maletín. Muy probablemente allí estarían las pruebas definitivas, las que me involucrarían de manera irrefutable con un delito del que no sabía casi nada. Iría preso, tal vez varios años.

Cerré los ojos un momento e imaginé un escenario aún más horrible: no entraba la policía sino ellos, los matones de la banda, y no solo me arrebataban el maletín. Me llevaban a los empujones y me arrojaban adentro del baúl de un auto, amordazado y con las manos atadas. Yo oía ruidos, sus voces atenuadas por el encierro, cada vez más lejanas hasta que desaparecía todo sonido y solo quedaba la oscuridad. Una oscuridad que me iba devorando y debilitando mis sentidos hasta sumirme en la nada. Eso debía ser la muerte.

Abrí los ojos y miré el reloj: faltaban tres minutos para las doce. Mis pies habían traspirado tanto que tenía las medias empapadas. Me levanté, cargué mi bolso y el maletín y salí. Caminé unos cien metros por la estación, esperando todo el tiempo que alguien me atacara por la espalda. Hasta llegué a sentir un roce junto al hombro y estuve seguro de que era la punta de un cuchillo que empezaba a introducirse en mi carne. Pero en verdad creo que era el movimiento de la correa del bolso que producía yo mismo al caminar. Me sentí un idiota, un idiota completamente aterrorizado. Llegué hasta el baño y volví a mirar el reloj: las doce en punto. Empujé la puerta y entré.

1 **la punta de los dedos** Fingerspitze – 2 **atrapar uc** *aquí:* tomar uc con la mano – 6 **irrefutable** *adj* unwiderlegbar – 10 **arrebatar uc a up** quitar uc a up de manera violenta – 11 **a empujones** *coloq* mover o quitar de un lugar uc o up empujando (drücken) con fuerza y violencia – 11 **el baúl** *del auto Am* Kofferraum – 13 **atenuado** *aquí:* de poca intensidad – 13 **el encierro** Einsperren – 15 **devorar** *aquí: fig* consumir, destruir – 15 **los sentidos** Sinne – 16 **sumirse** *aquí: fig* hundirse, sumergirse (in etwas versinken) – 19 **empapado** *coloq* completamente mojado (nass) – 19 **cargar** *aquí: coloq* tomar un bolso echárselo a la espalda – 22 **un roce** → rozar; tocar suavemente – 24 **la correa del bolso** Tragriemen –

14

No había nadie. Y francamente, si no hubiera sido necesario yo tampoco habría entrado: no era exactamente un lugar placentero. Olía como una cloaca. Igual, seguí las instrucciones al pie de la letra. Apoyé el bolso y el maletín en el piso y empecé a lavarme las manos. No había pasado un minuto cuando se abrió la puerta. Volví apenas la cabeza y vi uno de esos viejos hippies que parecen haberse quedado en el pasado: pelo largo, sombrero de cuero, ropa holgada y un bolso cruzado en el pecho. Me concentré otra vez en mis manos, que ya estaban empezando a arrugarse de tanto tenerlas bajo el agua. El tipo se puso a mi lado y abrió otra canilla. Después me habló.

—Hola.

La voz conocida me sobresaltó. Volví a mirarlo, esta vez directamente, y recién entonces lo reconocí: debajo del pelo largo canoso, de la barba, de los anteojos redondos tipo Lennon, de la ropa extraña y de una buena capa de suciedad, estaba él: Pepe. Me costó reaccionar.

—No me di cuenta de que eras vos –dije.

—Perfecto –asintió–. Estuve un día entero disfrazándome, para que nadie me reconozca. Pero soy yo, pibe –se sacó los anteojos y me sonrió–. El Padre Pepe murió: te presento a Pepe, el hippie.

No pude evitar reírme.

—Todo esto es una locura –le dije–, te están buscando.

—Ya sé –contestó más serio–, y estoy por irme lejos. Pero no podía perderme este encuentro. Además, quería cerciorarme de que tomaras el ómnibus sano y salvo. ¿Te fueron a ver?

—Sí, esta mañana. Un comisario que dijo colaborar en la investigación con el fiscal. Hasta me mostró su identificación.

3 **placentero** agradable – 4 **al pie de la letra** *fig coloq* de forma completa y fiel, sin cambiar nada – 8 **holgado** ≠ estrecho – 8 **cruzado** *aquí:* überkreuzt – 9 **el pecho** Brust – 10 **arrugarse** faltig werden – 11 **una canilla** *Arg* grifo – 15 **tipo** *coloq aquí:*como los de – 16 **bueno** *aquí:* grueso (dick) – 16 **una capa** Schicht – 16 **la suciedad** → sucio – 24 **una locura** Verrücktheit, Unsinn –

Iba con un rubio enorme, estilo guardaespaldas. Fue todo extraño, al principio me asusté: pensé que me querían secuestrar. Pero no, solo pretendían hablar y me interrogaron ahí mismo, en el hotel. Muchas, muchísimas preguntas.

—Un comisario –dijo en voz baja, como para sí mismo–. Ese debe ser el que me vendió.

—¿Te vendió?

—Aquella noche alguien tuvo que contar que yo iba a ver al fiscal. Alguien cercano a él y al mismo tiempo cómplice de la banda: el que le pasó la información a los asesinos.

—Es decir que hay policías involucrados en el asunto.

—Siempre lo supuse –asintió–. ¿Qué le contaste?

—La historia de la amnesia. De punta a punta y con lujo de detalles.

Pepe sonrió.

—¿Te creyó?

—Supongo que sí, es una buena historia. Al fin y al cabo, yo también me la creí al principio.

—No tanto –dijo él–, creo que siempre sospechaste algo. ¿O no?

Me encogí de hombros.

—Tal vez sí, pero ya no importa.

Me había importado antes, claro. Era cierto: desde el principio yo había sospechado que tal vez las cosas no eran como las contaba Pepe. Había ciertas actitudes que me generaban dudas, que me hacían pensar que sabía más de lo que decía. Y aun así, me embarqué con él. Hay cosas que uno hace aunque no pueda explicar los motivos. Tal vez fue para huir: de Polini, de mi madre, del futuro. O porque el tipo me caía bien. También hay que reconocer que la historia de la amnesia, verdadera o falsa, era una buena historia. Me gustan las buenas historias.

1 **un guardaespaldas** Leibwächter – 6 **vender a up** *fig aquí:* traicionar (verraten) – 13 **de punta a punta** *coloq* de principio a fin – 13 **con lujo de detalles** *coloq* considerando todos los detalles, minuciosamente – 27 **embarcarse con up** *aquí: fig coloq* colaborar con up en uc difícil o peligrosa – 30 **caer bien up** *coloq* tener una buena impresión de up, resultar simpática up –

Fue él finalmente el que decidió confesar. Ya estábamos en Mar del Plata y pese a mis dudas yo avanzaba en mi camino del modo previsto. Pero la primera noche en que nos dimos cuenta que nos seguían, Pepe se quebró. Se lo veía profundamente alterado: hasta ese momento había creído que era posible moverse discretamente por Mar del Plata con su nuevo aspecto y el disfraz de cura sin llamar la atención.

Al darse cuenta que lo habían detectado se derrumbó.

En el hotel me llamó a su habitación para hablar.

—Pibe –dijo mirándome a los ojos–, te mentí.

Durante unos segundos me quedé en silencio.

—No tenés amnesia –arriesgué al fin.

Se mostró sorprendido.

—¿Ya lo sabías?

—No, estoy adivinando.

—Es cierto, no tengo amnesia. Y fue un error traerte acá, es demasiado peligroso. Ahora quiero que te vuelvas a Buenos Aires.

Me pareció un descaro por su parte. No solo me había mentido todo ese tiempo, sino que ahora pretendía arrogarse el derecho de darme órdenes.

—Eso lo voy a decidir yo –dije en un alarde de autosuficiencia–, pero antes quiero que me cuentes la historia. La verdadera historia.

Esa noche, entonces, empecé a conocer la verdad. Aunque con él es difícil saber qué porción de la verdad tuve entre mis manos: creía protegerme ocultándome algunas partes. O tal vez se protegía a sí mismo. Sea como fuere, aceptó contarme la historia. Y la historia empezaba con Furci.

5 **alterado** durcheinander, aufgeregt – 8 **detectar a up** *aquí:* jmdn erkennen – 8 **derrumbarse** einstürzen *aquí: fig coloq* perder up el ánimo – 19 **un descaro** Frechheit – 20 **arrogarse** sich (dat) anmaßen – 22 **alarde de autosuficiencia** mostrar superioridad exageradamente ante otros – 27 **tener uc entre (las) manos** *aquí: coloq* conocer –

15

Oscar Furci era un viejo amigo de Pepe. Se habían conocido en la adolescencia y a lo largo de los años habían mantenido un contacto frecuente, apoyado en algunos gustos comunes: el ajedrez, las caminatas por la orilla del mar y las mujeres pelirrojas. En los últimos años, a eso se había sumado una pasión por las computadoras. El Flaco Furci mantenía su empleo en un banco, al que después de dieciocho años de trabajo odiaba, pero donde pensaba jubilarse. Pepe, en cambio, tras coquetear primero con la actuación y luego con el periodismo, se había dedicado a la seguridad informática y tenía una pequeña empresa, tan pequeña que él era el único integrante. Pero alcanzaba para vivir.

Fue una tarde de bar, cerveza y maní cuando El Flaco le habló por primera vez del plan. Un plan perfecto, le dijo: unos tipos lo habían contactado a través de un conocido para interesarlo en el asunto. Iban a obtener mucho dinero y no había falla posible. Furci pretendía incorporarlo a Pepe para resolver la cuestión técnica del mecanismo del tesoro que debía trabarse en el momento oportuno. Dice Pepe que hubiera querido taparse los oídos para no saber más. Que intentó convencer a Furci de que olvidara todo, porque esa historia no era para ellos. Demasiado peligroso, le dijo: esos tipos son lobos y al lado de ellos uno es apenas una oveja. Pero su amigo lo miró y no dijo nada.

Pepe supo que no lo había convencido un mes más tarde, cuando abrió el diario y leyó la noticia del robo, un robo espectacular precisamente en la sucursal del banco donde

4 **el ajedrez** Schach – 4 **una caminata** paseo o recorrido largo a pie – 6 **el Flaco** *Arg fam coloq* up más bien delgada; *aquí:* apodo (Spitzname) – 8 **jubilarse** → jubilado – 9 **coquetear** *coloq* mit jmdm flirten *aquí: fig coloq* tener interés en un asunto sin mucho compromiso – 9 **la actuación** *aquí:* actividades actorales, teatrales – 13 **el maní** *Am* Erdnuss – 16 **una falla** error – 20 **taparse** *aquí:* cubrirse con las manos – 20 **los oídos** *pl* Ohren – 22 **ser un lobo** *fig coloq* ser up peligrosa y *astuta* (schlau) – 23 **ser una oveja** *fig coloq* ser up *inofensiva* (harmlos) – 27 **una sucursal** filial –

trabajaba El Flaco. Ni siquiera lo llamó, para no saber. Por un tiempo creyó que se habían salido con la suya porque los culpables no aparecían. Pero entonces una tarde recibió un llamado de Furci. Su voz sonaba rara, como golpeada.

—Marito –le dijo, como siempre le decía–, necesito verte. Vení a casa esta noche.

Pepe no le preguntó nada. Esa noche, me dijo, se encontró con un espectro de su amigo: más flaco que nunca, tenía la mirada vencida y unas profundas ojeras negras, producto de muchas noches sin sueño. Furci temía que lo mataran: esos tipos, le contó a Pepe mientras fumaba un cigarrillo tras otro, estaban convencidos de que él iba a hablar. Por eso había decidido producir pruebas. Sacó un sobre de un cajón y lo vació en la mesa: cuatro o cinco hojas en las que, con su letra menuda y prolija, describía fechas, nombres y situaciones. Todos los detalles del robo. Y además, el casete.

—Los grabé –le explicó a Pepe–. Cuando me di cuenta de que desconfiaban de mí grabé una conversación con dos de ellos donde queda todo claro. Quiero que vos tengas todo esto por si me pasa algo. Yo voy a dejar que ellos sepan que tengo las pruebas: creo que es la única manera que me queda de resguardar mi vida.

Con una mano que temblaba le tendió el sobre a Pepe. Dice él que lo tomó como quien recibe una bomba de tiempo: con la misma delicadeza y el mismo desagrado.

—¿Y qué tengo que hacer? –preguntó.

—Si me pasa algo, llevalo a la justicia.

Se dice fácil, pensó Pepe mientras guardaba el sobre en su maletín, pero entonces el que se va a meter en la boca del

2 **salirse con la suya** hacer lo que se quiere contra el deseo de los demás – 4 **golpeado** *aquí:* jmdm stockt der Atem – 5 **Marito** *fam dim* de Mario – 8 **un espectro** up demasiado delgada – 9 **vencido** *adj* geschlagen – 9 **las ojeras** *pl* Augenringe – 10 **sin sueño** *aquí:* sin dormir – 13 **un cajón** Schublade – 15 **menudo** pequeño – 17 **grabar uc** *aquí:* eine Aufnahme machen – 22 **resguardar uc** proteger – 23 **tender** *aquí:* aproximar o acercar uc a otra persona – 25 **con delicadeza** con suavidad – 29 **meterse up en la boca del lobo** *fig coloq* exponerse a o estar en peligro voluntariamente –

lobo seré yo. Deseó intensamente no ver nunca de cerca esas fauces.

No quiso llevarlo a su casa. Sentía un fuerte rechazo por ese sobre y quería tenerlo lejos: a buen resguardo, pero lejos. Lo primero que se le ocurrió esa noche fue depositarlo en el club donde dos veces a la semana hacía gimnasia. Intentó que el asunto pasara inadvertido, como si fuera un día como cualquiera. Llegó con su equipo deportivo e introdujo el maletín, ya cerrado con llave, en su armario: el número trece. Después colocó el candado y con la llave en el bolsillo se subió a la cinta para correr. Trotó durante treinta y cinco minutos, mientras repetía una y otra vez una frase en su interior: no va a pasar nada, esto es apenas un seguro para la vida de El Flaco.

Dos días después supo que Furci había muerto. Ni por un instante, me dijo, se creyó la versión del robo que echaron a correr. No buscó las pruebas, pero esa misma tarde se presentó en la Fiscalía y pidió ver a Marcucci. Tal vez, pensó después, ese fue su error: mostrarse abiertamente. Claro que no sabía que los lobos estaban tan cerca.

El fiscal lo escuchó con atención. A Pepe le pareció asustado cuando le pidió que esa misma noche le acercara las pruebas a su casa. Algo debía intuir sobre lo que pasaba en su despacho porque insistió en que solo debía llevarlas a su domicilio particular. A las nueve. Él se presentó puntualmente, pero el encuentro nunca se produjo. El resto era aproximadamente como yo sabía. Vio todo desde la calle y lo invadió una sensación infinita de horror. Dentro de esa casa había dos muertos y uno podría haber sido él.

Corrió sin saber bien hacia dónde ni por qué, apretando el maletín que ahora le parecía horriblemente pesado. Lo que

2 **unas fauces** *pl* Schlund – 4 **a resguardo** bajo la protección de uc o de up – 5 **depositar uc** dejar uc en un lugar por un tiempo determinado – 7 **inadvertido** unauffällig – 11 **la cinta para correr** Laufband – 11 **trotar** correr no muy rápido – 17 **la Fiscalía** Staatsanwaltschaft – 19 **los lobos** *aquí: fig coloq* las personas peligrosas, el peligro – 21 **acercar a up uc** *aquí:* llevar a up uc – 22 **el despacho** *aquí:* la oficina del fiscal – 25 **producirse** suceder una cosa (etwas stattfinden) – 27 **infinito** sin fin *aquí:* muy intensa e interminable – 29 **apretar uc** *aquí:* tomar uc y sujetarla con fuerza –

quería más que nada en el mundo era sacárselo de encima. Por eso encaró hacia el gimnasio otra vez. Cuando salió de ahí, ya sin el maletín, solo pensaba en una cosa: irse lejos. Pero antes tenía que hacer lo mismo que había hecho El Flaco. Tenía que pasarle las pruebas a alguien por si lo mataban.

Claro que esa repetición podía condenar a otro. Por eso al final decidió meter una de las llaves del candado –tenía dos– en un sobre y dejarlo en el buzón de un amigo. Luis Olguín. Un buen tipo, me dijo, que nunca tuvo ni idea del peligro que podía haber corrido. Con la llave puso una breve nota, donde le pedía que la conservara hasta que él volviera.

—¿Y cómo iba a saber qué era? –pregunté yo.

Pepe se encogió de hombros.

—Supuse que, si me mataban, Luis iba a entender que esa llave era importante. Él conocía el gimnasio y tal vez ataba cabos. No sé, fue lo primero que se me ocurrió. Estaba aterrorizado, pibe.

Después fue a un cajero automático y retiró todo el dinero que pudo de sus dos cuentas: sabía que debía esconderse por un tiempo. Por seguridad, lo dividió en partes y lo guardó en sus medias. Fue lo último que hizo antes de subirse a un ómnibus en la terminal. Dice que cuando el micro tomó la ruta rumbo a Buenos Aires se sintió aliviado, como si el peligro hubiera quedado atrás. Es gracioso oírlo, porque la pesadilla apenas había empezado.

Al bajar del ómnibus estaba más tranquilo. Era tarde y fue derecho hasta la parada de taxis. Había decidido quedarse en un hotel esa primera noche; a la mañana siguiente pensaba llamar a alguno de sus amigos porteños y pedirle alojamiento por unos días. Llovía como si fuera el fin del mundo cuando

1 **sacarse de encima uc** liberarse de uc o de una situación desagradable – 2 **encarar** *aquí: coloq* dirigirse, ir en dirección a un lugar – 5 **pasar uc a up** *aquí:* dar – 6 **condenar a up** *aquí:* involucrar y tener graves consecuencias para up – 10 **correr peligro** *coloq* estar (implicado) en una situación peligrosa – 18 **retirar dinero** *aquí:* Geld abheben – 19 **esconderse** sich verstecken – 21 **las medias** *pl* Strümpfe – 22 **un micro** *Arg* ómnibus – 27 **ir derecho a** *un lugar:* directamente – 29 **un porteño** *aquí:* up nacida en Buenos Aires (ciudad) – 29 **el alojamiento** Unterkunft –

el taxi arrancó, me dijo. El taxi de Alberto Martínez. Claro que entonces Pepe no conocía su nombre ni le importaba: casi no había cruzado palabra con él cuando empezó todo. No tuvo duda alguna de que los autos que encerraron al taxi buscaban hacerlo chocar. Le gritó al taxista que acelerara y lo último que recuerda antes de desmayarse es el grito de Martínez sobre la madre del conductor del camión. Y después, la noche. Cuando se despertó ya lo habían sacado del taxi y un médico intentaba tomarle el pulso. Dice Pepe que se sintió aterrorizado. No tanto por su estado: aunque le dolía todo el cuerpo y supuso que tenía varias fracturas, no creía estar al borde de la muerte. Lo que lo hizo entrar en pánico fue la sensación de que todos podían ser enemigos. El médico, el camillero, el curioso que se ofrecía a ayudar, hasta el taxista tendido a su lado podían ser los que venían a liquidarlo. Solo deseó entonces una cara amiga. Por eso pidió, o más bien imploró, que lo llevaran al Hospital Fernández.

—¿Por qué al Fernández? –pregunté yo.

—Ahí estaba mi amigo, el que me podía proteger. ¿Todavía no te diste cuenta? –agregó sonriendo–. Espeche es mi amigo. *El Pelado* Espeche es el verdadero cerebro de todo esto.

Claro, debí haberlo imaginado: Espeche era una pieza esencial en el montaje. Aun antes de entrar al hospital, Pepe había decidido no dar a conocer su identidad: quería evaporarse lo antes posible sin dejar rastros a sus enemigos. Por eso al llegar fingió que se sentía confuso, que le costaba hablar, y aunque los médicos intentaron un par de veces obtener su nombre acabaron por concentrarse en su cuerpo. Tras practicarle todo tipo de estudios y curaciones lo hicieron

3 **cruzar palabra con up** *loc* hablar con up – 11 **una fractura** Bruch – 11 **al borde** cerca de, pronto a – 13 **un camillero** Sanitäter – 13 **un curioso** Schaulustiger – 16 **implorar** pedir con mucha insistencia uc – 21 **El Pelado** *Arg fam coloq* up sin pelo; *aquí:* apodo (Spitzname) – 24 **el montaje** *aquí: fig* situación preparada para hacer que parezca verdadera uc falsa – 26 **evaporarse** *aquí:* desaparecer up – 26 **sin dejar rastros** *fig coloq* sin dejar huellas (Spuren) – 27 **confuso** perturbado (verwirrt) – 30 **un estudio** *médico:* medizinische Untersuchung – 30 **una curación** Heilung –

dormir con un calmante. A la mañana siguiente Pepe se quejó en varias oportunidades de un fuerte dolor en su cabeza. Las enfermeras le informaron que un neurólogo iría a revisarlo. Vio la cara de sorpresa de su amigo al acercarse, pero un gesto preciso fue suficiente para que Espeche evitara la exclamación. Cuando estuvieron a solas le explicó todo, empezando por la muerte de El Flaco. El Pelado quedó horrorizado, porque también él y Furci habían sido amigos de chicos, en Mar del Plata. Pero es uno de esos tipos prácticos, acostumbrado a buscar soluciones, y pocos minutos después estaba organizando el futuro de Pepe. Que recién entonces dejaba de ser Mario y se convertía en Pepe.

Pensándolo bien, es casi natural que a Espeche se le ocurriera la idea. Cuando Pepe le dijo que pretendía dar un nombre falso en el hospital para impedir que quienes habían intentado matarlo ya dos veces pudieran rastrearlo, El Pelado contestó con la mayor naturalidad del mundo que mejor que un nombre falso es no dar ningún nombre.

—Podrías tener amnesia –le explicó–, en ese caso no te acordás de nada: ni quién sos, ni de dónde venís. Nada.

Claro, Espeche acababa de presentar en un congreso un trabajo sobre la amnesia y conocía a la perfección los síntomas y su posible evolución. Pepe dice que al principio la idea le pareció un delirio, una de esas historias que no se cree nadie si no está en el cine. Pero después empezó a encontrarle las ventajas. Tenía demasiadas ventajas como para despreciarla. La primera era que hacía mucho más difícil que alguien pudiera localizarlo. Pero además, con amnesia cambiaba su situación: si no se acordaba de su nombre, mucho menos podía acordarse del robo, de Furci, de las muertes y de las pruebas. O sea, dejaba de ser peligroso para la banda.

5 **una exclamación** *aquí:* expresión de sorpresa – 6 **a solas** en privado, sin la presencia de otras personas – 16 **rastrear a up** *fig* buscar a up siguiendo sus huellas – 23 **la evolución** *aquí:* desarrollo y proceso de una enfermedad – 26 **despreciar uc** considerar que uc es de poco valor y que no tiene importancia – 28 **localizar a up** saber, determinar el lugar donde está up –

—Además –agregó Espeche–, todo el mundo va a creer que tenés amnesia porque lo digo yo.

—¿Desde cuando estás tan fanfarrón? –se rió Pepe.

—No seas idiota. Quiero decir que no es lo mismo que vos digas que tenés amnesia a que lo diga un neurólogo experto precisamente en estos cuadros. Hasta puedo fabricarte un certificado que confirme tu enfermedad.

Eso terminó de convencer a Pepe. El Pelado se quedó con su documentación y con cada papel que pudiera dar alguna clave sobre su identidad y a partir de ese momento se convirtió para todo el mundo en el amnésico. Tuvieron varios días para que Espeche le explicara los síntomas y las reacciones que tenía que fingir para cumplir bien con su papel. Cuando sus heridas mejoraron, ya estaba listo: un perfecto amnésico.

—Hasta aquí entiendo todo –le dije yo aquella noche en el hotel–, pero entonces ¿por qué no escapaste? ¿Para qué fuiste al diario?

—Buena pregunta –contestó–. Porque me di cuenta de que no podía dejar las cosas así: se lo debía a El Flaco, pibe.

Fue un sentimiento de lealtad con su amigo muerto lo que decidió a Pepe volver. Después de varios días de descanso y largas charlas con Espeche, había llegado a la conclusión de que tenía que hacer algo urgente con las pruebas en su poder: eran la única manera de exponer a los asesinos de Furci. Primero pensó en llamar a Luis y decirle que recuperara el maletín en el gimnasio y enviara las pruebas por correo al nuevo fiscal. Solo que las cosas no eran tan sencillas: para empezar, Luis estaba de viaje. Además, Pepe ya había aprendido que la fiscalía era un lugar peligroso. No podía dejar que el sobre cayera en manos de cualquiera. Tampoco podía exponer a algún amigo a ser el nuevo blanco de los asesinos.

3 **un fanfarrón** Angeber – 6 **fabricar** *aquí:* inventar – 13 **una herida** Verletzung – 19 **dejar las cosas** *aquí: coloq* no hacer nada – 20 **la lealtad** Loyalität – 22 **una charla** → charlar – 24 **tener en poder uc** poseer uc – 24 **exponer** *aquí:* descubrir, hacer que se sepa uc – 31 **exponer a up** *aquí:* poner en peligro a up – 31 **ser un blanco** *fig coloq* ser el objetivo de una acción o uc –

La conclusión que sacó fue que él mismo tenía que volver a Mar del Plata a buscar las pruebas, duplicarlas y entregarlas no solo en la justicia sino también en manos de algún periodista que garantizara su publicación. También tenía que convencer a ese periodista de su amnesia: cuanto más se difundiera esa historia, más seguro estaría.

En verdad, pensaba en alguien con mayor experiencia que yo. Pero las cosas se dan como se dan, me dijo, y al fin terminé por caerle bien. O tal vez pensó que siendo tan chico era más fácil manejarme a su antojo. Claro que nunca me lo dijo de esa forma. Pero fue así como entró en mi vida Pepe. Y yo en la suya.

2 **duplicar** verdoppeln – 2 **entregar uc** etwas abgeben – 5 **difundir** verbreiten – 10 **manejar a up a (su) antojo** hacer que up se comporte según la (propia) voluntad y deseo –

16

En los planes todo parecía perfecto, pero la realidad, como dijo Pepe, no siempre acompaña. Él había creído que disfrazado de cura, con el pelo teñido y sin barba podía circular discretamente por Mar del Plata sin llamar la atención. Pero no fue así. O lo fue solo un par de días. Cuando llegamos me puso en camino de buscar lo que él quería que yo encontrara, es decir la historia del robo y del fiscal. Fue él también quien me dio la revista donde escribía Estévez y me sugirió ponerme en contacto con el periodista. Así, sutilmente, me iba guiando en la historia para poder después hacerme llegar a las pruebas de alguna manera que aún no tenía definida. Al mismo tiempo a través de mí averiguaba las novedades del caso e intentaba desentrañar quién entre los investigadores era la persona adecuada para recibir los documentos. Él evitó exponerse. Iba siempre por lugares con poco movimiento, lejos de los circuitos donde lo conocían. Una vez se acercó al gimnasio, pero no se atrevió a entrar con su nueva apariencia: esperaba poder contactar a alguien que lo hiciera por él, sin correr riesgos.

Había querido creer que era sencillo. Que sus perseguidores le habían perdido la pista en el hospital de Buenos Aires y ahora no era más que un cura anónimo. Tal vez los subestimó. Lo cierto es que todo cambió el primer día en que notó que nos seguían. Cayó en cuenta de que las cosas se habían vuelto mucho más peligrosas de lo que él había pensado y que ese riesgo no solo lo involucraba a él, sino también a mí. Que a fin de cuentas no era más que un pibe de diecisiete años que

3 **circular** *aquí:* ir de un lugar a otro – 6 **poner en camino a up** *aquí: fig coloq* decir a up lo que tiene que hacer para conseguir un objetivo – 9 **sutilmente** *aquí:* ausgeklügelt, geschickt – 9 **guiar a up en uc** *aquí: fig* hacer que up haga una cosa sin que se de cuenta – 13 **desentrañar** *fig* descifrar (entziffern); averiguar uc que es difícil de comprender – 14 **exponerse** *aquí:* ser visto o reconocido por otras personas y estar en peligro – 15 **los circuitos** *pl aquí: fig* lugares – 17 **atreverse a uc** sich trauen – 20 **perder(le) la pista a up** *fig coloq* no saber o no tener información de up por largo tiempo – 21 **subestimar** jmdn etw unterschätzen – 23 **caer en la cuenta** *coloq* darse cuenta de uc, comprender lo que antes no se comprendía o no estaba claro –

acababa de terminar la escuela y le había mentido a todo el mundo para poder viajar con él. Supongo que se sintió responsable. Entonces decidió decirme la verdad y mandarme de vuelta a Buenos Aires.

Pero yo no pensaba hacerle caso. Aquella noche, después de que terminara de contarme la historia, le dije que me quedaba. La cuestión generó una pelea entre nosotros, en la que él amenazó con dejarme solo en el hotel y mandarse a mudar y yo amenacé con escribir todo en una nota y publicarla. Al fin hicimos las paces. Durante los días siguientes, sin embargo, prefirió mantenerse alejado del hotel y de mí. Volvió una noche. Eran más de las cuatro de la madrugada cuando golpeó suavemente mi puerta. Pero yo dormía tal como duermo siempre: como un tronco. Probó abrir y entró porque, como tantas veces, yo había olvidado poner llave. Y fue entonces cuando esa figura sigilosa se cruzó en mis sueños y estuve seguro de que venían a matarme. Lancé un grito de esos que solo se oyen en las películas de terror, un grito que perforó el silencio de la noche y llegó a oídos del recepcionista. Cuando el tipo, asustado, llamó por teléfono, Pepe ya había prendido la luz y se reía de mi espanto.

Esa madrugada le di la nota que había dejado la mujer.

—Una pelirroja –le dije–, bastante linda.

Noté que se sobresaltaba.

—La Colorada –dijo mientras abría la nota–. Alguien me vio y le avisó.

—¿Significa un problema? –pregunté.

Se encogió de hombros.

—No le dije que venía, pretendía dejarla afuera de todo esto. Ahora voy a tener que llamarla.

5 **hacer caso a up** obedecer, hacer lo que up pide o dice – 7 **una pelea** Streit – 8 **amenazar** jmdn bedrohen – 11 **mantenerse alejado** sich von jmdm/etw fernhalten – 14 **dormir como un tronco** *loc fig coloq* dormir profundamente – 16 **una figura** *aquí: fig* up – 16 **sigiloso** *adj* silencioso – 17 **lanzar un grito** *coloq* dar un grito muy fuerte y de repente – 18 **perforar** hacer un agujero (Loch) *aquí: fig* romper el silencio – 21 **el espanto** miedo muy intenso – 25 **La Colorada** *fam coloq* apodo (Spitzname) para llamar a up que es pelirroja – 29 **dejar afuera** *de un asunto a up: coloq* no permitir o no querer que participe up en uc –

—¿Es tu mujer?

—Algo así –sonrió–. Es mi ex mujer, pero quizás también mi futura mujer.

No dijo más. Pensándolo después, me di cuenta de lo poco que yo me había enterado sobre su vida personal: no sé si era simplemente que no le gustaba hablar de ella o que intentaba protegerla de sus enemigos. Más tarde, yo iba a maldecir mil veces por haber dejado pasar aquellas horas sin hacer más preguntas. Pero esa noche había otras prioridades: teníamos que acordar nuestros últimos movimientos. Decidimos no sacar las pruebas del gimnasio hasta el momento de regresar a Buenos Aires, reduciendo la posibilidad de que alguien se apoderara de ellas. Yo había hecho un trato con Estévez tras contarle que alguien iba a darme en Buenos Aires pruebas definitivas del caso. Si él se comprometía a ponerlas personalmente en manos del nuevo fiscal, a quien conocía bien, luego tendría derecho a publicarlas el mismo día que yo. Creo que aceptó porque no perdía nada, pero no creyó realmente en el asunto. Me veía, supongo, como un chico idiota intentando jugar al periodista. Ni siquiera me dijo entonces que estaba tras la pista de «el testigo en peligro», un dato que le había contado uno de los investigadores.

Eso era algo que Pepe no se esperaba. Había creído que, para la justicia, la noticia de su existencia había muerto junto con Marcucci. Y no era así: recién cuando Estévez publicó su nota supo que lo buscaban. Lo buscaban de ambos lados, lo cual significaba que tenía que huir cuanto antes.

Aquella noche, terminamos de definir la estrategia muy tarde. Teníamos una versión oficial de las cosas, que yo debía mantener ante cualquiera que me interrogara. En buena parte, se ajustaba a la verdad: nos pareció que de ese modo sería más fácil para mí sustentarla. Pero claro que agregamos detalles

1 **la mujer** esposa – 5 **enterarse de uc** informarse, tener información sobre uc – 10 **los movimientos** *pl aquí:* acciones – 13 **apoderarse de uc** hacerse dueño de uc – 13 **hacer un trato** *coloq* tener un acuerdo con up – 31 **ajustarse** *aquí:* estar de acuerdo con, coincidir – 32 **sustentar uc** fundamentar, justificar uc –

aquí y allá para reforzar la historia de la amnesia y acomodar las cosas según nuestros intereses. Fue de Pepe la idea de pretender que era tal su confusión que hasta ponía en duda su propia inocencia.

—A ellos eso les va a encantar –dijo.

Al final acordamos una última cita, en el baño de la estación, con las manos en el lavatorio. Amanecía cuando se fue.

1 **reforzar** *aquí:* hacer que parezca más creíble o verdadera uc – 1 **acomodar las cosas** *aquí: fig coloq* adaptar, preparar o pensar uc de modo conveniente – 3 **poner en duda uc** *coloq* dudar de o cuestionar uc – 4 **la inocencia** *aquí:* ≠ → culpable – 7 **el lavatorio** *Am* lavabo – 7 **amanecer** aparecer la claridad del día –

17

—¿Entonces? –preguntó días después en ese baño maloliente–. ¿Les dijiste lo que debían saber?

Por un momento había sacado las manos del agua y se mojaba la cara, supongo que para aliviar la molestia que le producía la barba falsa.

—Todo. Hablé del llamado a Paraguay y les entregué mi dirección de e-mail.

Pepe sonrió.

—¿Te la pidieron?

—Sí, y hasta fingí resistirme. ¿Estás seguro de que van a violarla?

—Eso espero, para no haber trabajado en vano.

Ya te envié un supuesto mensaje desde Paraguay. Me reí.

—¿Y qué me decís?

—Que estoy bien en Asunción, aunque hace mucho calor.

En ese momento entró otro tipo al baño y nos callamos. Los dos volvimos a refregarnos con entusiasmo las manos que ya parecían trapos viejos de tanto estar bajo el agua. Por suerte el tipo hizo lo que debía hacer rápido y salió.

—No les habrás hablado de Lola, ¿no? –preguntó de pronto Pepe con el ceño fruncido.

—Claro que no. Solo mencioné que una chica rubia se nos acercó a la salida de un restaurante, pero aclaré que se trató de una confusión. Lo hice porque pensé que tal vez nos habían visto. ¿Te acordás que ese día nos pareció que nos vigilaban?

Asintió.

—Estoy un poco preocupado por ella –dijo–, la llamé pero nunca contestó el teléfono. No quisiera que se involucrara en todo esto.

2 **maloliente** *adj* que tiene mal olor – 11 **violar** *una dirección de e-mail:* decifrar la clave y acceder a la cuenta de correo electrónico – 12 **en vano** umsonst – 16 **callarse** permanecer en silencio, no hablar – 17 **refregar(se)** frotar uc con otra – 18 **un trapo viejo** ein alter Lappen *aquí: fig coloq* con arrugas – 24 **una confusión** Verwechslung –

—Lola está bien –le contesté–, no te preocupes.

Pareció asombrado.

—¿Cómo sabés?

—Ayer me escribió un e-mail. Decidió tomarse unos días: está afuera, con una amiga.

Me pareció que esta información lo irritaba levemente, aunque se esforzó por disimularlo.

—Así que vos también tenías tus secretos –dijo–. ¿Cuándo estableciste con ella esta relación?

—El día que la encontramos, te acordás, vos insistías en no conocerla, ella te agarró del brazo y gritó que te dejaras de fingir. Te escapaste como un loco y me dejaste ahí con la chica desesperada. Me dio su teléfono y me pidió que la llamara.

—Y vos, como un galán, aceptaste. ¿De qué hablaron?

—De vos, claro. Le prometí que le iba a explicar todo cuando pudiera. Me contó que vos habías sido amigo de su padre, que murió.

Pepe asintió.

—Sí. Supongo que la asusté, pero solo quería protegerla. Me echó entonces una mirada suspicaz.

—¿Te gusta?

—Qué te importa. Creo que deberíamos terminar con lo nuestro. ¿O te olvidaste del maletín?

—No, no podría olvidarme ni aunque quisiera –dijo mientras sacaba una pequeña llave de su bolsillo.

Lo miré abrir el maletín con una sensación extraña. Creo que tenía miedo de lo que iba a ver. Es que todos esos días yo había seguido dudando. Al fin y al cabo, él ya antes me había mentido. Y qué tal si las cosas no eran como las había contado, si Pepe no había sido un simple testigo, si tenía más que ver en el robo de lo que quería admitir. Toda la tarde me había imaginado que el maletín podía estar lleno de billetes, unos

4 **tomarse unos días** *coloq* irse de vacaciones – 5 **estar afuera** *aquí:* no estar en la ciudad – 6 **levemente** un poco – 7 **esforzarse** sich um etwas bemühen – 9 **establecer** *aquí:* comenzar – 20 **suspicaz** *adj* con sospecha –

billetes que hundirían a Pepe en una trama sucia donde las traiciones podían pagarse con la muerte. Y que me convertirían a mí en un idiota útil.

Forcejeó un poco con al cerradura, que parecía trabada y finalmente el maletín se abrió. No había dinero a la vista, lo que al menos momentáneamente me sacó un peso de encima. Pepe extrajo un sobre y examinó su contenido: cuatro hojas escritas a mano, con nombres y fechas. Y el casete. Volvió a colocar todo adentro y me lo entregó.

—Guardalo ya mismo en tu bolso.

Obedecí mientras miraba de reojo en el interior del maletín. Creo que él se dio cuenta.

—Nada interesante –me dijo–, aunque me conviene deshacerme de lo que pueda vincularme a mi viejo yo. Porque ya no soy Pepe, pibe, pero tampoco soy Mario –metió la mano en su bolsillo y me mostró la punta de un pasaporte–. Ya tengo otro nombre.

—¿Y cómo te llamás?

—Prefiero que no lo sepas.

Sacó del maletín una foto donde me pareció reconocer a La Colorada y la rompió en mínimos pedazos que dejó caer en el tacho de basura. Después sacó una pila de hojas impresas en computadora.

—Ayudame a romperlas –me dijo y me extendió la mitad. En la primera se leía «Capítulo 1».

—¿Y eso? –pregunté.

—El comienzo de una novela –dijo.

—No sabía que escribieses.

—Empiezo, pero nunca termino.

En ese momento me miró como si recordara algo.

1 **hundir** versinken *aquí: fig coloq* involucrar – 1 **una trama sucia** *fig coloq* un asunto peligroso o delito – 2 **traición** Verrat – 2 **pagarse con la muerte** *aquí: fig coloq* sufrir up el *castigo* (Strafe) de la muerte por uc que ha hecho – 3 **un idiota útil** *fig coloq* up que es utilizada por otra para conseguir sus propios fines – 4 **forcejear uc** hacer fuerza sobre uc – 4 **trabado** *aquí:* bloqueado – 6 **sacarse un peso de encima** *aquí: fig coloq* sentirse aliviado psicológicamente – 7 **extraer uc** sacar uc – 11 **mirar de reojo** mirar de forma disimulada – 14 **deshacerse de uc** *aquí:* abandonar uc que no resulta útil, tirarla o destruirla – 22 **un tacho de basura** *Am coloq* Abfalleimer –

—Muy buena la nota en el diario, pibe, ya casi me olvidaba de decírtelo.

Sonreí.

—Cuando me llamaste estaba en medio de un bloqueo total: no tenía idea de cómo empezar. Se agradece la ayuda.

—Solo te tiré unas ideas –dijo quitándole importancia–. Vos tenés buena pasta, te va a ir bien. Quién te dice, a lo mejor un día hacés una novela con esta historia.

Me sorprendió que lo dijera, porque yo había pensado en esa posibilidad apenas unas horas antes.

—Puede ser –contesté.

Me pareció que le divertía la idea. Se quedó unos minutos callado, mientras rompía hojas.

—Podrías ponerle de título *El hombre que quería recordar* –dijo de pronto–. Porque al final de eso se trató todo esta farsa de la amnesia, de recordar a El Flaco.

—Tal vez la escriba –le dije–. En ese caso, espero que la leas.

—Claro, voy a estar ansioso –sonrió y miró el reloj–. Es tarde. Tengo que irme.

Nos quedamos un momento en silencio. Supongo que ambos pensábamos en decir cosas que al final no dijimos. Él se me acercó y me abrazó con fuerza. Me di cuenta de que en todos esos días, era la primera vez que teníamos un contacto físico.

—Suerte, pibe –dijo cuando nos separamos.

—¿Adónde vas a ir? –le pregunté.

—Lejos. La Colorada ya se fue y me espera. Pero es mejor que no sepas el lugar.

Tomó el maletín y su bolso y caminó hacia la puerta. Antes de abrirla, se dio vuelta.

—Si volvemos a cruzarnos por acá hacé que no me reconocés. No importa lo que pase.

4 **un bloqueo** *mental: coloq* no poder pensar por alguna razón – 6 **tirar** *aquí: coloq* dar, decir – 7 **tener buena pasta para uc** *fig coloq* tener talento – 15 **una farsa** Schwindel –

—¿Y qué puede pasar?

Se encogió de hombros.

—Todo. O nada. Probablemente nada.

—¿Vas a escribirme? –pregunté.

—Tal vez –contestó y salió.

La puerta se cerró con un golpe a su espalda. Nunca más volví a verlo.

18

Pasaron casi dos meses sin noticias, dos meses en los que viví en zozobra, acosado por unas pesadillas que cada mañana me dejaban bañado en transpiración y con la sensación de que todo había salido mal, en el peor sentido en que las cosas pueden salir mal. Finalmente un día llegó un e-mail a mi verdadera dirección, la que habíamos acordado usar para mensajes reales. Eran solo dos líneas y después de tanto esperar me provocaron más decepción que alegría.

Estoy lejos y bien, empezando a rehacer mi vida. Creo que por tu seguridad y la mía será mejor que no tengamos más contactos. Cuidate y seguí escribiendo. Y firmaba apenas con una letra: P.

Me indignó su brevedad, esa indiferencia hacia la necesidad que yo tenía de detalles, que no hacía más que crecer cada día. Inmediatamente intenté responder a la dirección remitente, uno de los habituales correos gratuitos. Escribí una carta atolondrada, en donde le hacía una pregunta tras otra y hasta sugería la posibilidad de viajar para encontrarnos. La envié y me quedé esperando el milagro. Pero lo que llegó poco después fue mi propio mensaje de vuelta, con la advertencia de que la dirección había sido anulada. Al verlo golpeé la computadora, como lo hubiera querido golpear a él si lo hubiera tenido enfrente, y casi la rompo de puro imbécil.

No me quedó otro remedio que ir resignándome de a poco a lo que siempre había presentido: no iba a saber más de él. Y aun así, nunca dejé de buscarlo. Primero eran las noticias, que revisaba obsesivamente cada día. Si aparecía algún muerto sin identificación en cualquier lugar del país me desvivía por

2 **acosado** perseguido, agobiado → acosar – 9 **rehacer** *aquí:* hacer nuevamente, volver a comenzar uc – 11 **firmar** etw unterschreiben – 13 **indignar** etw empört jmdn – 15 **remitente** *adj* que envía una carta o uc por correo – 17 **atolondrado** *coloq aquí:* de prisa y sin pensar – 21 **anulado** cancelado – 24 **no quedar otro remedio** no tener otra opción u alternativa – 25 **presentir uc** ahnen – 28 **desvivirse por uc** mostrar mucho interés y deseo por uc/up –

conocer los datos y no respiraba tranquilo hasta concluir que ese cadáver no era Pepe. También seguí atentamente cada detalle del caso en Mar del Plata. Después de que el fiscal recibió las pruebas *La Bestia* Galíndez y *El Caballero* Suárez fueron detenidos, igual que Domínguez, el tipo que me había interrogado, que finalmente no era un comisario sino apenas un agente de policía que pasaba información a la banda desde la fiscalía. Otros nombres asociados al asalto surgieron más tarde: Julio Cuevas, Martín Fernández y un tal Filippi. A Galíndez y a Suárez les atribuyeron los dos crímenes, el de Furci y el del fiscal. El día que los condenaron –aunque esto fue mucho después– pensé que Pepe tenía que sentirse bien: se le había hecho justicia a El Flaco. Yo estaba convencido de que él lo sabía, que de alguna manera le llegaban estas noticias y ese día estaría en un remoto lugar del mundo brindando en memoria de Furci.

Los detalles del caso me los contaba Estévez, el periodista, con el que seguí en contacto telefónico varios meses, hasta que pareció que también a él, como a casi todo el mundo, se le terminaba el interés por el asunto.

Eso a mí nunca me sucedió. Creo que hasta fue al revés: con el paso de los meses el vacío se agrandaba. Pero era como perseguir una sombra. Nunca una huella, nunca un dato concreto. Y aun así, lejano y evasivo, Pepe seguía presente en mi vida. Estaba entre Lola y yo de una manera extraña, porque fue justamente su ausencia la que nos unió. En esa época solíamos comunicarnos por teléfono a diario.

—¿Alguna novedad? –decía ella, o yo, era igual.

En la pregunta estaba implícita la figura de Pepe, que para ella era y sería siempre Mario. Entonces aún teníamos la

1 **concluir** → una conclusión – 7 **pasar** *aquí:* comunicar a up uc – 10 **atribuir uc a up** decir que up es responsable de uc – 13 **hacer justicia** *aquí:* castigar la justicia a los culpables de un delito – 15 **remoto** lejano – 15 **brindar** anstoßen – 21 **al revés** lo contrario – 22 **el vacío** Leere – 22 **agrandarse** *aquí: fig* hacerse grande, importante uc – 23 **una sombra** Schatten *aquí: fig* up que no existe – 27 **soler** tener costumbre de hacer uc – 27 **a diario** todos los días –

idea de que él llamaría o mandaría un mensaje por correo electrónico. Pero no sucedió. Ese año empecé a viajar de vez en cuando a Mar del Plata en busca de información, viajes que aprovechaba para ver a Lola. Aunque ahora creo que en verdad era al revés: viajaba para ver a Lola e intentaba seguir un rastro que no conducía a ningún lado. Con ella fui a la que había sido la última casa de Pepe. Allí un hombre muy poco amable se limitó a decirnos que Mario Cruz –ese era su apellido– había alquilado ese lugar antes que él, pero no tenía ningún dato sobre su actual paradero. Mi insistencia logró después que Lola obtuviera a través de su madre el teléfono de un primo de Pepe, un tal Rolando. Su voz sonó vaga y desinteresada al otro lado de la línea.

—Está en el exterior –dijo–, pero no sé exactamente dónde. Creo que dijo Colombia, aunque también podía ser Costa Rica.

—Ya es hora de dejar de buscar –concluyó después de esa conversación Lola, pero yo la rechacé. Estaba obstinado en seguir, con los escasos elementos con los que contaba. Me sentía entonces como uno de esos perros a los que les hacen oler una prenda de vestir para encontrar a alguien y siguen metiendo sus narices por los rincones cuando ya todo el mundo dejó de interesarse en el asunto.

—¿Qué esperás? –me preguntó más tarde Lola, ya cansada.

—No sé –le dije–, pero necesito seguir buscando.

Era evidente que a ella el asunto no la conmovía tanto. En esa época estaba terminando el secundario y el tema que la inquietaba era la elección de la universidad: si Medicina o Biología, si en Mar del Plata o en Buenos Aires. De eso hablaba

10 **un paradero** dirección – 11 **obtener uc** conseguir uc – 12 **desinteresado** sin interés en uc – 18 **rechazar uc** ablehnen – 18 **obstinado** hartnäckig – 19 **contar con** *aquí:* tener – 21 **prenda de vestir** ropa – 22 **un rincón** Ecke – 26 **conmover uc** provocar una emoción intensa en up, perturbar – 27 **el secundario** la escuela secundaria – 28 **inquietar uc** perturbar, preocupar uc –

en los escasos momentos en que yo acallaba por un rato mi obsesión.

Aun así, fue bastante paciente para responder a mis preguntas sobre él. Su padre, me contó, se había hecho amigo de Mario cuando ambos eran periodistas en una revista de actualidad y mantuvieron la relación aún después de que cambiaran de trabajo. Era un tipo divertido, dijo, lleno de ideas extrañas. Ella conservaba algunos recuerdos felices de esa época, en que solía salir a pasear con sus padres y Pepe, o a veces solo con él: tardes de sol en que caminaban junto al mar, un puesto donde él solía comprarle un helado. Siempre de chocolate. Y regalos que elegía con torpeza, porque desconocía todo sobre los niños Nunca tuvo hijos, me explicó, y tal vez por eso ella terminó convirtiéndose en una suerte de sobrina favorita. Rubia, le decía, con esa obsesión por los apodos.

Tras la muerte de su padre, sin embargo, los contactos se fueron espaciando. Aun así, él nunca se olvidaba de llamarla para su cumpleaños. Cada doce de septiembre. Cuando lo dijo me sobresaltó:

—Faltan dos semanas –calculé.

Ella asintió sonriente.

—Ese día vengo a tu casa –agregué–. Seguro que llama y voy a poder hablar con él.

Me pareció que estaba molesta. Lógico, si lo pienso ahora, pero en ese momento yo aún era muy torpe con las mujeres.

El doce de septiembre me presenté por la mañana, con un regalo intrascendente y muchas expectativas. Me puso nervioso que Lola atendiera tantos llamados de sus amigos y familiares: así, le dije, él no iba a poder comunicarse. Ni siquiera me contestó, pero me dirigió una de esas miradas fulminantes que con el tiempo iba a conocer bien, una mirada que conviene no

1 **acallar** permanecer callado, sin hablar – 3 **paciente** geduldig – 6 **mantener** *aquí:* conservar, continuar con uc a lo largo del tiempo – 14 **una sobrina** Nichte – 15 **Rubia** *fam coloq* apodo (Spitzname) para llamar a up rubia – 17 **espaciar** separar o poner distancia física o temporal entre dos cosas – 27 **intrascendente** sin importancia, sin mucho significado – 28 **atender un llamado** *telefónico:* responder un llamado – 30 **fulminante** rápida, fija, destructiva – 31 **convenir** ser adecuado, útil –

ignorar si uno pretende mantener la paz. Pero yo, repito, era bastante idiota en todo lo que tuviera que ver con el género femenino. Finalmente a las seis de la tarde, cuando mis esperanzas empezaban a debilitarse, sonó el timbre. Lola fue a la puerta y se encontró con un mensajero que le entregó un enorme ramo de rosas. La tarjeta simplemente decía: «Felices dieciocho, Rubia». No había firma. Interrogamos al mensajero, pero dijo que esos ramos podían encargarse por teléfono desde cualquier lugar del mundo.

—Qué cretino –murmuré mientras ella acomodaba las flores en un jarrón–. No puso ni un dato para ubicarlo. ¿No te da bronca?

—No –contestó–, se acordó de mi cumpleaños y eso me basta. Pero decime una cosa –agregó, evidentemente irritada–, ¿qué te pasa a vos? ¿Por qué esa desesperación por saber de él? ¿Necesitás un acompañante? Percibí su enojo y me embarqué en una compleja explicación sobre los riesgos que yo corría por haber compartido con Pepe aquellos días y la necesidad de conocer detalles de la historia que me había ocultado. Hasta hablé de la hipotética novela, para la cual iba a necesitar su ayuda. Lola me miró con un aire de superioridad:

—Me parece que vas a tener que arreglarte solo, Santiago.

Por supuesto tenía razón. Tardé unos quince días más en entenderlo. Entonces dejé de portarme como un idiota y nos pusimos de novios.

Sin embargo, nunca me resultó fácil desprenderme de su recuerdo. Me acompañó muchos años, aún cuando había avanzado en mi carrera, cuando Lola ya vivía en Buenos Aires y yo había conseguido un puesto fijo en el diario. En aquella época tuve que viajar varias veces y en cada uno de esos viajes mantuve la estúpida esperanza –esas esperanzas que uno sabe

4 **debilitarse** → debilitar – 8 **encargar(se)** *aquí:* etw bestellen – 10 **acomodar** *aquí:* arreglar, ordenar – 11 **un jarrón** Vase – 16 **un acompañante** → acompañar a up – 16 **el enojo** enfado – 16 **embarcarse** *aquí:* iniciar, comenzar uc – 22 **arreglarse sola up** *coloq* tener que resolver up un problema o uc sin ayuda – 24 **portarse** comportarse (sich verhalten) – 25 **ponerse de novios** comenzar una relación amorosa, de novios – 26 **desprenderse de uc** separarse de uc – 29 **fijo** fest –

que debería combatir, pero están ahí, sólidas como roca– de encontrarlo por casualidad. Hasta llegué a correr una vez en un aeropuerto de Brasil tras un sacerdote que tenía una espalda asombrosamente parecida a Pepe, al que creo le di el susto de su vida cuando me abalancé sobre él y lo tiré al piso.

En estos años muchas veces me pregunté por qué necesitaba encontrarlo y no hallé una respuesta. Creo que siempre sentí que le debía algo. Haberla conocido a Lola, para empezar. Pero no era solo eso, eran otras cosas que me costaría definir, que tienen que ver con haberme puesto en marcha. También la novela. Lola repitió siempre que no se la debía a nadie más que a mí mismo, pero no sé, nunca pude sacarme esa sensación de encima.

Y un día decidí escribirla. Lo hice como quien tira una botella al mar, con la infundada esperanza de que un día el mar traiga una respuesta.

1 **una roca** piedra – 2 **por casualidad** zufällig – 4 **el susto de su vida** *fig coloq* un susto muy grande – 8 **deber uc a up** *aquí:* jmdn etwas zu verdanken haben – 10 **poner en marcha a up** *aquí: fig coloq* ayudar a up a tomar decisiones en la vida, a elegir su carrera profesional – 15 **infundado** sin fundamento

Andrea Ferrari

La autora y su obra

Andrea Ferrari nació en Buenos Aires, Argentina, el 13 de diciembre de 1961. Es traductora literaria de inglés, ejerciendo esta profesión en medios periodísticos. Luego de un tiempo de trabajar en su campo, comenzó a hacer notas y colaboraciones, hasta que el periodismo se convirtió en actividad de tiempo completo. En Argentina, ha sido coordinadora periodística de la revista "El Porteño" y en 1987 se incorporó al staff del periódico "Página/12".

Publicó su primer libro para chicos, *Las ideas de Lía,* en 2001. Lleva editados desde entonces más de 10 títulos, entre ellos los premiados *Café solo,* que en 2002 resultó finalista del Premio Latinoamericano de Literatura Infantil y Juvenil de Norma-Fundalectura de Colombia; *El complot de las flores,* obra que en 2003 obtuvo el Premio de Literatura Infantil El Barco de Vapor concedido por Ediciones SM de España, y que también fue publicada en Argentina y traducida al portugués y al coreano. *El hombre que quería recordar* fue incluida en 2006 en la lista *The White Ravens* de la Internationale Jugendbibliothek de Múnich.

Hoy Andrea Ferrari recuerda que sus comienzos como escritora se remontan a los cuentos que escribía para su hija Valeria que, aunque ya no es una niña, sigue siendo su primera lectora y mayor admiradora.

Obras

- Café solo
- El complot de las flores
- El increíble Kamil
- Aunque digas fresas
- El hombre que quería recordar
- El diamante oscuro

Abreviaturas y símbolos

adj	=	Adjektiv, adjetivo
adv	=	adverbio
aquí:	=	señala un significado específico de la palabra en el contexto
Am	=	término o expresión típica del español de América
Arg	=	término o expresión típica del español de Argentina
aum	=	aumentativo
coloq	=	coloquial
cul	=	cultismo
desp	=	despectivo
dim	=	diminutivo
escr	=	expresión propia del lenguaje escrito
etc	=	etcétera
etw	=	etwas
f	=	femenino
fam	=	lenguaje familiar
fig	=	lenguaje figurativo
geol	=	término de la Geología
inf	=	infinitivo
iron	=	irónico
jmd	=	jemand
jmdm	=	jemandem
jmdn	=	jemanden
jur	=	término jurídico
lit	=	literario
loc	=	locución, giro idiomático
m	=	masculino
med	=	término médico
neg	=	expresión con sentido negativo
p ej	=	por ejemplo
pl	=	plural
s	=	singular
sup	=	superlativo
uc	=	una cosa, algo

up	=	una persona, alguien
vulg	=	*expresión vulgar*
≠	=	contrario de
→	=	remite a una palabra ya conocida